EMMA MAXWELL

Planificación Patrimonial Facilitada

This book was professionally typeset on Reedsy.
Find out more at reedsy.com

Contents

Introducción

¿Se ha preguntado alguna vez qué pasaría con sus seres queridos si le ocurriera algo inesperado? Es un pensamiento que da que pensar, pero que demasiada gente pospone hasta que es demasiado tarde. La verdad es que la planificación del patrimonio no es sólo para los ricos o los ancianos: es un paso crucial que todo el mundo debería dar para proteger sus bienes y asegurarse de que se cumplen sus últimos deseos.

Como contable público certificado (CPA), he visto de primera mano la confusión y el estrés que pueden surgir cuando se deja a las familias navegar por el complejo mundo de la planificación patrimonial sin la orientación adecuada. Es por eso que me he propuesto desmitificar este proceso y hacerlo accesible a todo el mundo, independientemente de su situación financiera o estructura familiar.

En este libro, "Planificación patrimonial simplificada: guía paso a paso para proteger sus activos, minimizar los impuestos patrimoniales y aliviar la carga financiera de su familia", te guiaré a través de los componentes esenciales de un plan de sucesión completo, desde la creación de un testamento hasta el establecimiento de directivas de atención sanitaria. Aprenderá a adaptar su plan a sus circunstancias particulares, independientemente de su edad, sexo o estado civil

Pero este no es otro manual árido y técnico. Creo que la planificación patrimonial no tiene por qué ser intimidante o abrumadora. Al desglosar conceptos complejos en pasos sencillos y prácticos, le mostraré cómo tomar el control de su legado y proporcionar tranquilidad para usted y sus seres queridos.

A lo largo del libro, encontrará estudios de casos reales que ilustran cómo una planificación patrimonial adecuada puede marcar una profunda diferencia en la vida de las personas. También descubrirá cómo evitar los errores más comunes y los conceptos erróneos que pueden hacer descarrilar incluso los planes mejor trazados.

Tanto, si empieza desde cero como si desea actualizar un plan existente, este libro será su recurso de referencia. Lo he diseñado para que sea una guía completa que cubra todos los aspectos, desde los aspectos básicos de la distribución de activos hasta temas más complejos como los fideicomisos y las implicaciones fiscales.

Pero quizás lo más importante es que quiero animarle a pasar a la acción. La planificación patrimonial no es algo que pueda permitirse dejar para mañana. Si da el primer paso hoy, hará un regalo inestimable a su familia: la seguridad y la tranquilidad de saber que ha planificado todo para cualquier eventualidad

Como apasionado de ayudar a las personas a superar los retos financieros de la vida, me complace compartir mi experiencia con usted. Con más de treinta años de experiencia como CPA, he guiado a innumerables personas y familias a crear sus planes patrimoniales que reflejen sus valores y prioridades. No soy abogado especializado en sucesiones, pero tengo los conocimientos suficientes para orientar y poner en contacto con los mejores profesionales que pueda necesitar.

¿Qué le aportará este libro? Estos son los puntos clave:

· Diferencia entre testamento y fideicomiso
· Cómo evitar la sucesión y mantener la privacidad de su familia
· Estrategias fiscales para minimizar los impuestos sobre el patrimonio
· Cómo elegir a los mejores albaceas y fideicomisarios, incluida la tutela
· Cómo comunicar a sus beneficiarios su plan de sucesión
· Establecer poderes notariales y directivas sanitarias
· Cómo contratar a los mejores profesionales
· Las mejores formas de organizar y documentar su plan de sucesión

Como en todos mis otros libros que usted puede adquirir, al final de cada capítulo hay pasos prácticos que puede seguir para mejorar su plan de sucesión.

Descubrirá que estos principios no son sólo teoría, sino soluciones reales que pueden marcar la diferencia en su vida.

Tanto si es usted un padre ocupado que trata de salvaguardar el futuro de sus hijos, como si es un jubilado que desea garantizar una transición fluida de sus activos o un empresario que quiere proteger el legado que tanto le ha costado ganar, este libro es para usted. Juntos, eliminaremos la jerga y la confusión para crear un plan claro y conciso que se adapte a su situación particular.

A lo largo de este libro, aprenderá a evaluar su plan patrimonial actual. Explorará lo que necesita hacer para estar preparado y en la mejor posición para usted y su familia. Este libro está estructurado de forma lógica, comenzando por los aspectos básicos y pasando a los temas más avanzados. He aquí un breve resumen de los capítulos:

1. Conceptos básicos de la planificación patrimonial
2. Adaptar su plan de sucesión a sus necesidades
3. Evitar los errores más comunes
4. Organizar y documentar sus activos
5. Contratar ayuda profesional con prudencia
6. Consideraciones especiales y estrategias avanzadas
7. Ejemplos de la vida real y estudios de casos
8. Mantener y actualizar su plan de sucesión

¿Está preparado para tomar las riendas de su legado? Empecemos juntos este viaje, paso a paso. Pase página y empecemos a elaborar un plan de sucesión que le proporcione a usted y a sus seres queridos la tranquilidad que se merecen.

Capítulo 1

Conceptos Básicos de la Planificación Patrimonial

¿Cuándo fue la última vez que se tomó un momento para pensar realmente en su futuro y en el legado que desea dejar? Es una pregunta que a menudo nos ronda por la cabeza, pero que muchos aplazamos hasta que las circunstancias nos obligan a hacerla. La planificación patrimonial, un término que puede sonar desalentador o reservado a las personas adineradas, es, de hecho, un proceso vital para todos. Tanto si se está preparando para la jubilación, como si gestiona un negocio próspero o está criando a una familia joven, contar con un plan es crucial. Garantiza que se cumplan sus deseos, que su familia reciba los cuidados necesarios y que sus bienes se distribuyan como usted desea. ¿Qué es exactamente la planificación patrimonial y por qué es tan indispensable?

1.1 ¿Qué es la Planificación Patrimonial? Desmitificar los Conceptos Básicos

En esencia, la planificación patrimonial es el proceso metódico de preparación para la eventual distribución y gestión de sus bienes en caso de incapacidad o fallecimiento. Esto implica la creación de un plan integral que detalla cómo se gestionarán sus posesiones, tanto tangibles como intangibles. Es importante destacar que la planificación patrimonial no consiste únicamente en redactar un testamento o crear un fideicomiso. Abarca una serie de instrumentos jurídicos y directrices que salvaguardan sus intereses y los de sus seres queridos. Los testamentos, fideicomisos y poderes son componentes fundamentales de este proceso, y cada uno de ellos tiene una finalidad distinta. Un testamento describe sus deseos en cuanto a la distribución de bienes y la tutela de los hijos menores, mientras que un fideicomiso facilita la gestión de sus bienes en vida y después. Los poderes notariales garantizan que alguien de su confianza pueda tomar decisiones en su nombre si usted no puede hacerlo.

La necesidad de planificar el patrimonio trasciende la edad y la riqueza. No es únicamente cosa de ancianos o ricos. Independientemente del volumen de su patrimonio, contar con un plan es crucial. No solo protege su legado financiero, sino también el futuro de su familia. Pensemos, por ejemplo, en la idea errónea de que la planificación patrimonial está reservada a los ricos. Este mito suele disuadir a las personas de tomar medidas para proteger sus bienes. Sin embargo, la realidad es que la planificación patrimonial es importante para cualquiera que desee tener voz y voto en la gestión y distribución de sus bienes cuando fallezcan. Se trata de tomar el control y asegurarse de que su legado se ajusta a sus valores e intenciones.

Los objetivos de la planificación patrimonial son múltiples, pero pueden resumirse en tres: proteger los activos, minimizar los impuestos y garantizar la seguridad familiar. La protección de activos consiste en proteger su patrimonio contra el agotamiento innecesario debido a acreedores o problemas legales. Al establecer fideicomisos o utilizar otras estrategias legales, puede mantener el control sobre sus activos, asegurándose de que se utilicen de acuerdo con sus deseos. Minimizar los impuestos es otro aspecto fundamental. Mediante una planificación cuidadosa, puede reducir la carga fiscal sobre su patrimonio, preservando más de su riqueza para sus herederos.

Esto implica comprender las implicaciones de los impuestos sobre sucesiones y donaciones y emplear estrategias para mitigar su impacto. Por último, garantizar la seguridad familiar es primordial. Con un plan de sucesión bien elaborado, usted se ocupa de sus seres queridos, salvaguardando su futuro financiero y minimizando posibles disputas.

Abundan las ideas erróneas sobre la planificación del patrimonio. Mucha gente cree que sólo es necesaria para las personas mayores o para quienes poseen grandes fortunas. Sin embargo, la planificación patrimonial es vital para cualquiera que desee decidir cómo se distribuyen sus bienes. Otro mito muy extendido es que, sin un patrimonio importante, no es necesario planificar. Esto no podría estar más lejos de la realidad. La planificación patrimonial es algo más que riqueza; es intención y previsión. Se trata de garantizar el cumplimiento de sus deseos y la protección de sus seres queridos.

Los beneficios de la planificación del patrimonio van más allá de la distribución de bienes. Ofrece la tranquilidad de saber que el futuro de su familia está asegurado y que sus deseos están documentados. Evita disputas familiares al proporcionar instrucciones claras, reduciendo la probabilidad de malentendidos. Además, agiliza el proceso sucesorio, garantizando una transición fluida de los bienes. Esto es especialmente importante para las familias mixtas o no tradicionales, en las que la dinámica puede ser compleja.

La planificación patrimonial es un proceso reflexivo que refleja sus valores, prioridades y amor por sus seres queridos. A través de ella, usted crea una hoja de ruta para el futuro, que le proporciona claridad y seguridad. A medida que profundicemos en este tema, descubriremos las herramientas y estrategias necesarias para elaborar un plan que se adapte a sus circunstancias particulares. Tanto si es usted un padre de mediana edad, un jubilado o el propietario de una empresa, el camino hacia la comprensión de la planificación del patrimonio es un camino de capacitación y previsión.

1.2 Fideicomisos Frente a Testamentos: La Mejor Opción Para Usted

Navegar por el ámbito de la planificación patrimonial suele comenzar con una pregunta fundamental: ¿debe optar por un fideicomiso o por un testamento? Cada instrumento tiene una finalidad distinta, adaptada a diferentes necesidades y situaciones. El testamento es un documento legal que describe cómo desea que se distribuyan sus bienes tras su fallecimiento. Le permite nombrar tutores para los hijos menores y especificar sus deseos de forma sencilla. Los fideicomisos, por su parte, son acuerdos legales en los que un fideicomisario mantiene y gestiona los activos en nombre de los beneficiarios. Una de las ventajas más significativas de un fideicomiso es su capacidad para eludir el proceso sucesorio, ofreciendo un nivel de privacidad y rapidez en la distribución de activos que los testamentos no pueden ofrecer. El proceso de validación de un testamento, supervisado por un tribunal, puede ser largo y público, por lo que los fideicomisos son una opción atractiva para quienes valoran la discreción y la eficacia.

Decidir si utilizar un fideicomiso o un testamento depende a menudo de sus circunstancias y objetivos específicos. Para muchos, un simple testamento es suficiente, especialmente cuando se trata de herencias pequeñas o de una distribución de bienes sencilla. Los testamentos suelen ser más fáciles y menos costosos de establecer, lo que los convierte en una opción accesible para quienes tienen una situación financiera poco complicada. Sin embargo, hay casos en los que un fideicomiso puede ser más apropiado. Si tiene activos importantes, desea evitar la legalización de un testamento o tiene beneficiarios que pueden no ser económicamente responsables, un fideicomiso puede ofrecerle más control sobre cómo y cuándo se distribuyen sus activos. Un fideicomiso testamentario irrevocable, por ejemplo, le permite gestionar sus activos en vida y le ofrece flexibilidad, ya que puede modificar el fideicomiso a medida que cambie su situación. Esta flexibilidad lo convierte en una opción popular para quienes tienen necesidades cambiantes o una dinámica familiar compleja.

Las ventajas de los fideicomisos y los testamentos van más allá de sus funciones básicas. Los fideicomisos proporcionan privacidad, ya que no pasan por el proceso público de sucesión. Esto puede ser especialmente beneficioso para las personas con grandes patrimonios o para quienes prefieren mantener la confidencialidad de sus asuntos financieros. Además, los fideicomisos pueden estructurarse para ofrecer protección frente a los acreedores, salvaguardando aún más su patrimonio. Los testamentos, por su parte, son conocidos por su sencillez y rentabilidad. Son una forma eficaz de comunicar claramente sus deseos, garantizando que sus bienes se distribuyan de acuerdo con sus intenciones. El coste de un testamento suele ser inferior al de un fideicomiso, lo que lo convierte en una opción práctica para muchos.

A la hora de planificar el patrimonio, suelen surgir preguntas comunes. Una pregunta frecuente es si se puede tener tanto un fideicomiso como un testamento. La respuesta es sí; pueden complementarse eficazmente. Un testamento "pour-over", por ejemplo, puede funcionar junto con un fideicomiso, asegurando que cualquier activo no incluido en el fideicomiso siga siendo gestionado de acuerdo con sus deseos. Otra cuestión es cómo afecta cada herramienta a los impuestos y a la sucesión. Aunque los fideicomisos suelen ayudar a evitar la sucesión, no confiere automáticamente ventajas fiscales a menos que se estructuren específicamente con ese fin. Los testamentos están sujetos a legalización, lo que puede suponer tiempo y gastos adicionales. Sin embargo, ambos instrumentos pueden diseñarse teniendo en cuenta la eficiencia fiscal, en función de sus objetivos de planificación patrimonial.

Comprender las funciones y ventajas de los fideicomisos y los testamentos le permitirá tomar decisiones informadas sobre su plan sucesorio. Tanto si elige un testamento, un fideicomiso o una combinación de ambos, la clave está en adaptar su plan a sus circunstancias particulares. Esto garantiza que sus activos se gestionan y distribuyen de forma que se ajusten a sus valores y cumplan sus objetivos. Al contemplar estas opciones, considere sus prioridades, la complejidad de su patrimonio y el nivel de control que desea mantener sobre su legado.

1.3 Desglose del Proceso Sucesorio

El proceso sucesorio puede parecer un obstáculo legal misterioso y desalentador, pero entender sus pasos puede desmitificar significativamente. La sucesión comienza con la presentación inicial y la validación del testamento del difunto. Este paso es crucial, ya que el tribunal debe confirmar la autenticidad del testamento antes de emprender cualquier otra acción. Una vez validado, un albacea -nombrado por el testamento o el tribunal- se hace cargo de la herencia. El siguiente paso consiste en hacer un inventario exhaustivo de los bienes del difunto. Esto incluye tanto bienes tangibles, como inmuebles y vehículos, como intangibles, como acciones y pólizas de seguros. Puede ser necesaria una tasación para determinar su valor con exactitud, garantizando una imagen clara del valor del patrimonio. Una vez realizado el inventario, el albacea liquida las deudas y obligaciones. Esto significa notificar a los acreedores y pagar cualquier pasivo pendiente, desde hipotecas hasta impuestos impagados. Solo después de saldar estas deudas puede el albacea procederá a distribuir el resto de los bienes a los beneficiarios designados.

La sucesión cumple una función vital al proporcionar supervisión legal y garantizar que se cumplan los deseos del difunto. Puede resolver disputas ofreciendo un proceso estructurado bajo supervisión judicial. Sin embargo, esta ventaja conlleva notables inconvenientes. El proceso puede llevar mucho tiempo, a menudo meses o incluso años, dependiendo de la complejidad de la sucesión. Este retraso puede causar tensiones financieras a los beneficiarios que podrían depender de un acceso oportuno a su herencia. Además, la sucesión puede ser costosa, ya que los honorarios de los abogados y las costas judiciales merman el valor de la herencia. Otra desventaja es la falta de privacidad, puesto que los procedimientos testamentarios son públicos. Esto significa que cualquiera puede acceder a detalles sobre los bienes de la herencia y los beneficiarios, lo que algunas familias pueden considerar intrusivo.

Muchas personas intentan evitar la sucesión debido a estos inconvenientes. Una estrategia eficaz es la creación de un fideicomiso testamentario, que permite eludir por completo la sucesión. Al transferir la propiedad de los bienes al fideicomiso durante su vida, las personas pueden garantizar una transición más fluida tras su fallecimiento. Designar beneficiarios en cuentas financieras, como fondos de jubilación y pólizas de seguro de vida, es otra forma de simplificar el proceso de herencia. Estos activos pueden transferirse directamente a los beneficiarios sin necesidad de testamentar, lo que les permite un acceso más rápido.

Las implicaciones de la sucesión en la vida real pueden ser profundas. Piense en una familia que espera ansiosamente mientras el proceso de sucesión se alarga, retrasando su acceso a fondos vitales necesarios para los gastos diarios o los costes de educación. Estos retrasos pueden provocar frustración y tensión entre los miembros de la familia. Además, la naturaleza pública de la sucesión puede exponer detalles financieros sensibles, causando malestar o incluso conflictos cuando los miembros de la familia se enteran de legados inesperados o disparidades en la distribución de activos. Por ejemplo, una familia puede verse sometida a un escrutinio o una presión no deseados si se hacen públicos los detalles de una herencia importante.

Si conoce el proceso sucesorio, podrá tomar decisiones informadas sobre la mejor manera de gestionar su patrimonio. Aunque la sucesión tiene su lugar, explorar opciones para evitarla puede ahorrar tiempo, dinero y estrés a su familia.

1.4 El Papel de los Albaceas y Fideicomisarios: Elegir Bien

En el ámbito de la planificación patrimonial, las funciones de los albaceas y los fideicomisarios son fundamentales, aunque desempeñan funciones muy distintas. Un albacea se encarga de la ejecución de un testamento, garantizando que se cumplan los deseos finales del difunto, desde el pago de las deudas hasta la distribución de los bienes. Esta persona actúa como representante legal ante el tribunal testamentario, sorteando la complejidad de los requisitos legales y los trámites procesales. En cambio, un fideicomisario administra los activos de un fideicomiso. Esta función implica la gestión de los activos del fideicomiso, la toma de decisiones sobre inversiones y el desembolso de fondos a los beneficiarios de acuerdo con las estipulaciones del fideicomiso. Ambas funciones requieren un nivel de diligencia e integridad, ya que llevan el peso de ejecutar los últimos deseos de alguien.

Seleccionar a la persona adecuada para estas funciones es relevante para que su plan sucesorio se lleve a cabo sin contratiempos. La honradez y la fiabilidad son primordiales; usted quiere a alguien con un historial probado de honestidad y fiabilidad. La perspicacia financiera es igualmente importante, sobre todo para los fideicomisarios, que deben tomar decisiones financieras prudentes. Esto no significa que tengan que ser expertos en finanzas, pero sí deben tener conocimientos básicos y estar dispuestos a buscar asesoramiento profesional cuando sea necesario. Tenga en cuenta su capacidad para comunicarse eficazmente y desenvolverse en posibles dinámicas familiares, ya que estas habilidades pueden evitar malentendidos y conflictos. Reflexione sobre sus circunstancias personales: ¿están en condiciones de asumir estas responsabilidades sin una carga excesiva?

Las funciones de los albaceas y fideicomisarios son amplias y variadas. Los albaceas son responsables de reunir e inventariar los bienes del difunto, notificar a los acreedores y liquidar las deudas. También deben ocuparse de las declaraciones fiscales y garantizar que el reparto de bienes se ajuste al testamento. Los fideicomisarios, por su parte, deben gestionar los activos del fideicomiso, que pueden incluir bienes inmuebles, inversiones o intereses empresariales. Deben equilibrar los intereses de los distintos beneficiarios, tomando decisiones que podrían afectarles financiera y personalmente. Ambas funciones exigen un registro meticuloso y transparencia, ya que pueden tener que rendir cuentas a los beneficiarios o al tribunal.

A menudo surgen retos en estas funciones, que ponen a prueba la determinación y las habilidades de albaceas y fideicomisarios. Los desacuerdos familiares son frecuentes, sobre todo si los beneficiarios consideran que la herencia no se gestiona con equidad. Los albaceas y fideicomisarios deben sortear estas tensiones con delicadeza, asegurándose de que todas las acciones estén justificadas y sean transparentes.

Las decisiones financieras complejas también pueden plantear retos importantes. Los albaceas pueden tener que decidir qué activos liquidar para pagar las deudas, mientras que los fideicomisarios pueden enfrentarse a decisiones sobre estrategias de inversión que podrían afectar a la viabilidad del fideicomiso a largo plazo. Estas decisiones requieren una cuidadosa consideración y, a veces, la consulta con profesionales financieros o jurídicos.

En la preparación de estas funciones, es fundamental establecer expectativas claras y proporcionar una orientación completa. Esto significa definir las obligaciones en el plan sucesorio, ofrecer información sobre las intenciones del difunto y garantizar que los albaceas y fideicomisarios tengan acceso a los recursos necesarios. Con la preparación y el apoyo adecuados, los albaceas y fideicomisarios pueden desempeñar sus funciones con eficacia, honrando el legado y las intenciones de quienes les confiaron tan importantes responsabilidades.

1.5 La Jerga Jurídica Simplificada: Términos Clave Que Debe Conocer

Navegar por los entresijos de la planificación patrimonial requiere una comprensión básica de la terminología jurídica. Sin este conocimiento, incluso las discusiones más simples pueden enredarse en la confusión. Para evitar estos escollos, es útil familiarizarse con algunos términos esenciales. La sucesión, por ejemplo, es el proceso legal mediante el cual se valida el testamento de una persona fallecida y se distribuye su patrimonio. Entender el proceso sucesorio es crucial porque afecta a cómo y cuándo los beneficiarios reciben su herencia. Un beneficiario, otro término crítico, se refiere a cualquier persona u organización con derecho a recibir una parte de la herencia según lo establecido en un testamento o fideicomiso. Los beneficiarios son fundamentales en la planificación del patrimonio, ya que son las personas o entidades que en última instancia se beneficiarán de sus bienes. Por su parte, un poder notarial es un documento legal que otorga a alguien la autoridad para actuar en su nombre en asuntos legales o financieros. Esto adquiere especial importancia si usted está incapacitado y no puede tomar decisiones. Cada uno de estos términos desempeña un papel importante en la forma en que se gestiona y, en última instancia, se liquida una herencia, por lo que es vital comprender sus significados e implicaciones.

Para dar vida a estos términos, consideremos una situación familiar en la que un fallecimiento repentino deja el patrimonio sin un plan claro. Si alguien fallece intestado, es decir, sin testamento, la distribución de sus bienes se rige por las leyes de sucesión intestadas del Estado. Imagínese un caso en el que uno de los padres fallece inesperadamente sin testamento, dejando cónyuge e hijos de un matrimonio anterior. En tal caso, el Estado determinará cómo se dividen los bienes, lo que puede no coincidir con los deseos del difunto o la dinámica familiar. Esto suele dar lugar a disputas y tensiones financieras, lo que subraya la importancia de tener un plan sucesorio claro y comprender la terminología que lo rige.

Comprender la jerga jurídica no consiste solo en conocer las definiciones, sino también en garantizar la claridad del proceso de planificación patrimonial. Los malentendidos pueden dar lugar a costosos errores y conflictos familiares, que a menudo pueden evitarse con una comunicación clara. Cuando comprende el lenguaje de la planificación patrimonial, puede expresar sus deseos con mayor precisión y colaborar más eficazmente con los asesores jurídicos. Este conocimiento le permite formular preguntas con conocimiento de causa y tomar decisiones que reflejan sus verdaderas intenciones, reduciendo el riesgo de interpretaciones erróneas o descuidos.

Quienes deseen profundizar en la terminología de la planificación patrimonial disponen de numerosos recursos. Los diccionarios jurídicos en línea proporcionan definiciones rápidas y contexto para términos desconocidos. Los talleres de planificación patrimonial ofrecen formas interactivas de aprender, a menudo con expertos que pueden responder a preguntas y proporcionar consejos prácticos. Los libros dedicados a la planificación patrimonial también pueden servir como valiosas referencias, ofreciendo explicaciones detalladas y ejemplos del mundo real. Estos recursos pueden dotarse de los conocimientos necesarios para abordar la planificación patrimonial con confianza y claridad.

1.6 La Importancia de Empezar Pronto: Asegurar su Legado

La idea de planificar el futuro puede resultar abrumadora, sobre todo cuando el futuro parece lejano o incierto. Sin embargo, las ventajas de empezar pronto a planificar su patrimonio son numerosas y significativas. Al iniciar este proceso cuanto antes, tendrá más control sobre los resultados que conformarán su legado. Una planificación temprana le permite articular sus deseos con claridad, garantizando que se lleven a cabo tal y como usted desea. Le da flexibilidad para ajustar los planes a lo largo del tiempo, teniendo en cuenta los cambios en la dinámica familiar, las circunstancias financieras o las preferencias personales. Esta adaptabilidad es crucial porque la vida es impredecible y las circunstancias pueden cambiar rápidamente.

A pesar de estas ventajas, muchas personas dudaron en embarcarse en la planificación patrimonial a una edad temprana o cuando consideran que su patrimonio es modesto. Entre las objeciones más comunes se encuentran la de sentirse demasiado joven para necesitar un plan o la de creer que la planificación patrimonial solo es pertinente para quienes poseen un patrimonio considerable. Sin embargo, estas suposiciones pasan por alto la esencia de la planificación patrimonial, que es intrínsecamente dinámica. No se trata de un acontecimiento estático y puntual, si no de un proceso que evoluciona con usted, creciendo y adaptándose a medida que transcurre su vida. La planificación temprana sienta las bases para la futura acumulación de riqueza y garantiza que incluso los activos más modestos estén protegidos y se dirijan de acuerdo con sus deseos.

Ciertos acontecimientos de la vida sirven de catalizadores naturales para la planificación patrimonial, señalando la necesidad de establecer o actualizar su plan. El nacimiento de un hijo es uno de esos momentos en los que la responsabilidad de la paternidad exige tener en cuenta la tutela y la provisión financiera. Del mismo modo, la compra de una vivienda representa una inversión importante que debe protegerse dentro de un plan de sucesión. Incluso un viaje al extranjero, con todos sus riesgos potenciales, puede poner de relieve la importancia de tener los asuntos en orden. Cada uno de estos hitos subraya la necesidad de un plan global que tenga en cuenta la evolución de su vida y sus prioridades.

Los beneficios a largo plazo de una planificación patrimonial temprana son profundos. Proporciona una tranquilidad continua, sabiendo que sus seres queridos están atendidos y que sus deseos están documentados. Esta previsión simplifica la toma de decisiones en momentos de emergencia, reduciendo el estrés y la incertidumbre de su familia. Con un plan claro en marcha, sus seres queridos pueden centrarse en curarse y recordar, en lugar de enfrentarse a complejos retos legales y financieros. Con el tiempo, un plan bien meditado también puede reportar importantes beneficios económicos, como la reducción de impuestos y la conservación del patrimonio, asegurando aún más el futuro de su familia.

Empezar pronto en el proceso de planificación patrimonial no es únicamente prudente, sino que da poder. Es un paso proactivo que refleja un compromiso con su legado y el bienestar de sus seres queridos. Al tomar el control de este aspecto de su vida, crea una base que respalda sus objetivos y valores, tanto ahora como en los años venideros. Mientras sigue explorando los entresijos de la planificación patrimonial, recuerde que las decisiones que tome hoy resonarán en la vida de sus seres queridos, ofreciéndoles estabilidad y tranquilidad.

No pases al siguiente capítulo sin hacer lo siguiente;

1.¿Tiene testamento o fideicomiso?

- Si no es así, no es necesario que la cree ahora mismo, pero piense qué quiere dejar y a quién. Empieza a generar una lista de tus activos y a quién quieres alejarlos. En los próximos capítulos explicaré cómo hacerlo, pero merece la pena empezar ahora.
- Si la tiene, ¿está actualizada? ¿Su albacea tiene una copia y su familia sabe dónde se encuentra?

Capítulo 2

Adaptar su Plan de Sucesión a Sus Necesidades

Cuando piensa en su familia, ¿qué le viene a la mente? Para muchos, es un vibrante tapiz tejido con diversos hilos, cada uno de los cuales representa una relación y una historia únicas. Este tapiz es especialmente intrincado en las familias mixtas y no tradicionales, donde el amor y el compromiso a menudo se extienden más allá de los límites tradicionales. A la hora de planificar el patrimonio, estas dinámicas familiares tan ricas introducen complejidades que requieren una consideración cuidadosa y soluciones meditadas. La planificación de la sucesión en este tipo de familias no consiste únicamente en dividir los bienes, sino que implica honrar los vínculos y garantizar que todos se sientan valorados y respetados.

2.1 Planificación Patrimonial para Familias Ensambladas y no Tradicionales

En las familias mixtas, en las que hay varios matrimonios e hijastros, el camino hacia una planificación patrimonial equitativa puede estar plagado de dificultades. Imagínese que tiene hijos de matrimonios anteriores, cada uno con necesidades y expectativas distintas. Sin un plan bien estructurado, algunos miembros de la familia podrían sentirse ignorados o resentidos. Del mismo modo, las parejas que cohabitan sin matrimonio legal pueden tener dificultades si uno de los cónyuges fallece sin instrucciones claras. Estas situaciones ponen de relieve las dinámicas únicas que entran en juego y subrayan la necesidad de un enfoque a medida que refleja las complejidades de su estructura familiar.

Para garantizar un reparto justo entre los miembros de la familia, se pueden emplear varias estrategias. Un método eficaz es crear fideicomisos específicos para cada rama de la familia. Esto le permite asignar activos de forma que se reconozcan los distintos papeles y relaciones dentro de su familia. Por ejemplo, se pueden establecer fideicomisos separados para los hijos de un primer matrimonio y los de un segundo, asegurando que cada grupo reciba lo que usted pretende. Además, el seguro de vida puede ser una valiosa herramienta para igualar las herencias, proporcionando un colchón financiero que puede destinarse a beneficiarios específicos. Esto garantiza que cada miembro de su familia reciba un trato justo, minimizando posibles disputas y fomentando la armonía.

Las herramientas jurídicas son inestimables para abordar la compleja dinámica de las familias mixtas y no tradicionales. Los acuerdos familiares, por ejemplo, pueden redactarse para esbozar acuerdos e intenciones específicas, aportando claridad y reduciendo el riesgo de malentendidos. Las cláusulas testamentarias personalizadas permiten especificar condiciones o distribuciones únicas que reflejen las necesidades particulares de su familia. Estos instrumentos están diseñados para respetar la individualidad de su familia, al tiempo que garantizan que sus deseos sean jurídicamente vinculantes y claros para todos los implicados.

Ejemplos del mundo real ilustran el poder de una planificación patrimonial meditada en familias diversas. Pensemos en una familia mixta en la que los padres, cada uno con hijos de matrimonios anteriores, se enfrentan a posibles conflictos por la herencia. Mediante el establecimiento de fideicomisos a medida y la participación de todos los miembros de la familia en el proceso de planificación, resolvieron con éxito las posibles disputas antes de que pudieran surgir. En otro caso, una familia no tradicional, en la que los miembros conviven sin haberse casado formalmente, utilizó un fideicomiso para garantizar una distribución equitativa de los bienes, salvaguardando la seguridad financiera del miembro superviviente. Estas situaciones ponen de relieve la importancia de la planificación proactiva y la paz que puede aportar a situaciones familiares complejas.

Sección de Reflexión

Tómese un momento para reflexionar sobre su propia dinámica familiar. Piense en las relaciones más importantes para usted y en cómo pueden influir en sus decisiones de planificación patrimonial. Anote cualquier preocupación u objetivo específico que tenga en relación con la distribución de sus bienes. Este ejercicio puede servir de base para discusiones más profundas con sus seres queridos y asesores, ayudando a asegurar que su plan de sucesión refleje verdaderamente el tapiz único de su familia.

2.2 Tutela de Menores: Garantizar Su Futuro

La elección del tutor adecuado para sus hijos menores de edad es una de las decisiones más profundas que tomará en su viaje de planificación patrimonial. Implica considerar quién defenderá mejor sus valores familiares, proporcionará un entorno enriquecedor y garantizará el bienestar de sus hijos. Al seleccionar un tutor, debe evaluar su estilo de vida y cómo se alinea con el suyo. Considere su estilo de crianza, sus valores morales y el tipo de vida que lleva. La estabilidad financiera es igualmente crucial. El tutor ideal debe tener los recursos o la capacidad para gestionar sus propias finanzas de forma responsable, así como cualquier posible herencia que puedan recibir sus hijos. Encontrar a alguien que pueda ofrecer amor, orientación y seguridad financiera es un delicado equilibrio que garantiza que tus hijos crezcan en un entorno estable y solidario.

El proceso legal de nombramiento de un tutor implica algo más que una simple conversación con un amigo o familiar de confianza. Requiere una declaración formal en sus documentos sucesorios. Esto suele comenzar con la redacción de una cláusula de tutela en su testamento, en la que se indique claramente quién desea que asuma esta función vital. Es esencial incluir disposiciones detalladas que describen sus expectativas y cualquier instrucción específica relativa a la educación de sus hijos. Una vez redactado su testamento, debe asegurarse de que cumple los requisitos legales de su jurisdicción, lo que a menudo implica la aprobación judicial. Este paso es crucial para validar su elección y evitar impugnaciones legales. Al formalizar su elección, elimina la ambigüedad y proporciona un camino claro en caso de que ocurra lo impensable.

La planificación de contingencias es un aspecto importante de los acuerdos de tutela. La vida es impredecible y conviene prepararse para diversos escenarios. La designación de tutores alternativos proporciona un plan de respaldo en caso de que su elección principal no pueda cumplir con sus obligaciones debido a circunstancias imprevistas. Revisar periódicamente sus decisiones sobre la tutela, garantiza que sigan siendo pertinentes y reflejen sus deseos actuales. Las circunstancias cambian y la situación del tutor designado puede evolucionar, por lo que es necesario revisar periódicamente su elección. Este enfoque proactivo garantiza que sus hijos siempre tengan un tutor designado que esté dispuesto y sea capaz de intervenir cuando sea necesario, proporcionando continuidad y estabilidad en sus vidas.

Para ilustrar el impacto de una planificación bien pensada de la tutela, consideremos la historia de una familia que se enfrentó a la pérdida repentina de ambos padres debido a un accidente. Como habían planificado meticulosamente esta eventualidad, los tutores elegidos pudieron intervenir de inmediato, proporcionando a los niños una transición fluida en unos momentos increíblemente difíciles. La cláusula de tutela del testamento no dejaba lugar a dudas, y el tribunal aprobó rápidamente su nombramiento, reduciendo al mínimo los trastornos en la vida de los niños. Además, los padres habían reservado fondos para la educación, garantizando así el futuro académico de sus hijos, independientemente de la situación económica de la familia. Esta previsión no solo alivió las preocupaciones financieras, sino que también permitió a los tutores centrarse en el apoyo emocional y la estabilidad de los niños.

En otro caso, una pareja nombró a un amigo íntimo tutor de su hija. Cuando una enfermedad inesperada impidió al tutor original desempeñar su función, la persona elegida por la pareja estaba preparada para intervenir, gracias a la previsión de incluir un plan de respaldo en sus documentos sucesorios. Esta decisión resultó muy valiosa, ya que el tutor suplente ya conocía los valores y expectativas de la familia, lo que proporcionó continuidad y tranquilidad durante una transición difícil. Estos ejemplos subrayan la importancia de una planificación exhaustiva de la tutela, destacando cómo las medidas proactivas pueden salvaguardar el futuro de sus hijos y aportar tranquilidad a todos los implicados.

2.3 Estrategias Patrimoniales Para Grandes Patrimonios: Protección de Grandes Patrimonios

Cuando se gestiona un patrimonio importante, es mucho lo que está en juego en la planificación de la sucesión. Una de las piedras angulares de la protección de un patrimonio relevante es el uso estratégico de fideicomisos irrevocables. Se trata de poderosas herramientas diseñadas para proteger los activos de acreedores y reclamaciones legales, garantizando la conservación de su patrimonio para las generaciones futuras. Al transferir activos a un fideicomiso irrevocable, los elimina de su patrimonio imponible, lo que puede suponer un ahorro fiscal considerable. Para ello es necesario renunciar al control sobre los activos, pero la contrapartida es una sólida capa de protección que puede salvaguardar su patrimonio de responsabilidades imprevistas. Por lo general, estos fideicomisos nacen después de que usted fallezca y todos sus activos pasan a ser propiedad de este fideicomiso y no estarán sujetos a impuestos sucesorios. Si tiene una gran cartera de activos, el ahorro fiscal es enorme. Su constitución es más cara que la de un testamento, pero supone un importante ahorro fiscal.

Las sociedades limitadas familiares (FLP) ofrecen otro sofisticado método de protección de activos. Le permiten mantener el control sobre sus activos a la vez que transfiere los intereses de propiedad a los miembros de su familia. Esta estrategia no solamente ayuda a minimizar los impuestos sobre el patrimonio, sino que también facilita la transferencia gradual de riqueza a la siguiente generación, garantizando así la conservación de su legado financiero. Al crear un FLP, usted consolida los activos familiares bajo una única entidad legal, proporcionando una forma estructurada de gestionarlos y protegerlos. Este enfoque también ofrece cierto grado de privacidad, ya que los FLP no están obligados a revelar públicamente sus activos, a diferencia de los patrimonios individuales. En el momento de su fallecimiento, está exenta de impuestos sobre el patrimonio, pero durante su existencia puede estar sujeta a impuestos sobre la renta.

Minimizar los impuestos sobre el patrimonio es una preocupación funda-mental para las personas con un elevado patrimonio neto, y existen estrategias eficaces para abordarla. Los fideicomisos benéficos son una de ellas. Mediante la colocación de activos en un CRT, puede reducir los ingresos imponibles a través de deducciones caritativas y, al mismo tiempo, proporcionar un flujo de ingresos constante. Una vez finalizado el fideicomiso, los activos restantes se donan a una organización benéfica de su elección, alineando sus objetivos filantrópicos con la eficiencia fiscal. Además, las estrategias de donación pueden reducir significativamente su patrimonio imponible. Haciendo donaciones anuales a los miembros de su familia hasta el límite de exclusión del IRS, puede reducir gradualmente el tamaño de su patrimonio, minimizando así los posibles impuestos sobre el patrimonio. Este enfoque no solamente beneficia a sus herederos, sino que también le permite ser testigo del impacto de su generosidad durante su vida.

Para los propietarios de empresas, la planificación de la sucesión es un componente vital de la estrategia patrimonial. Los acuerdos de compraventa son esenciales para garantizar una transición fluida de la propiedad de la empresa. Estos acuerdos estipulan los términos en los que se pueden transferir los intereses de propiedad, a menudo financiados por pólizas de seguro de vida. Este acuerdo protege a la empresa de posibles interrupciones causadas por el fallecimiento prematuro de un propietario, garantizando la continuidad y la estabilidad. El seguro de persona clave es otra herramienta vital, que proporciona compensación financiera a la empresa en caso de pérdida de un miembro crítico del equipo. Este seguro ayuda a mantener las operaciones y proporciona un colchón durante el periodo de transición, salvaguardando el futuro de la empresa.

Consideremos la historia de una empresa familiar que ha prosperado a lo largo de generaciones gracias a una planificación patrimonial estratégica. Esta familia utilizó una combinación de fideicomisos irrevocables y FLP para proteger su patrimonio y garantizar una sucesión sin fisuras. Mediante la aplicación de acuerdos de compraventa y seguros para personas clave, mantuvieron la estabilidad del negocio, lo que permitió a la empresa prosperar a pesar de los desafíos imprevistos.

En otro caso, una persona con un elevado patrimonio minimizó con éxito los impuestos sobre el patrimonio mediante donaciones estratégicas y la creación de fideicomisos benéficos. Este enfoque no solo preservó el patrimonio de la familia, sino que también apoyó causas benéficas cercanas a sus corazones, creando un legado de generosidad e impacto. Estos ejemplos ponen de relieve la importancia de una planificación minuciosa y el potencial transformador de las estrategias patrimoniales eficaces para las personas con un elevado patrimonio neto.

2.4 Planificación de la Sucesión Empresarial: Garantizar Transiciones Fluidas

Imagine que la empresa que ha construido a lo largo de los años, en la que ha puesto todo su empeño, sigue prosperando, aunque usted ya no esté al timón. Para los propietarios de empresas, la planificación de la sucesión no consiste solo en pasar el testigo; se trata de asegurar el legado del trabajo duro y la dedicación. La futura transición de su empresa es crucial para mantener la estabilidad y proteger el sustento de sus empleados, que se han convertido en una familia. Sin un plan bien pensado, la empresa podría enfrentarse a la incertidumbre, poniendo en peligro tanto sus operaciones como los puestos de trabajo que sustenta. Por eso es indispensable planificar la sucesión. Garantiza un traspaso sin fisuras, preservando los valores fundamentales de la empresa y la continuidad operativa, al tiempo que salvaguarda el bienestar de quienes dependen de ella.

Un plan de sucesión completo incluye varios componentes clave. En primer lugar, es significativo identificar a los posibles sucesores. Esta tarea requiere evaluar las aptitudes, la experiencia y las cualidades de liderazgo de quienes podrían tomar el relevo. Ya se trate de un miembro de la familia que entienda la ética de la empresa o de un empleado de confianza que haya demostrado su capacidad, elegir al sucesor adecuado es primordial. A continuación, la valoración de la empresa es esencial. Comprender claramente el valor de la empresa no solamente ayuda a determinar una compensación justa por la transmisión de la propiedad, sino también a planificar el crecimiento y la inversión futuros. Las actualizaciones periódicas de la valoración garantizan que la empresa se mantenga en línea con las condiciones del mercado, proporcionando una imagen realista de su salud financiera.

Las estrategias de transición ofrecen varias vías para transferir la propiedad de la empresa. Una de ellas es el traspaso gradual del control, que permite al sucesor familiarizarse con la empresa a lo largo del tiempo. Esta transición gradual puede facilitar el cambio tanto para el nuevo líder como para el personal, minimizando las interrupciones. Alternativamente, la venta a terceros es una opción cuando la sucesión interna no es factible. Esta vía puede atraer a inversores externos que aporten nuevas perspectivas y recursos. La sucesión familiar, por otra parte, mantiene la empresa dentro de la familia, preservando su legado a través de las generaciones. Cada estrategia tiene sus ventajas, y la elección depende de las circunstancias y objetivos particulares del propietario de la empresa.

Consideremos la historia de un restaurante familiar que pasó con éxito de generación en generación. Los propietarios tenían un plan claro y seleccionaron a su sucesor años antes de jubilarse. Esto permitió la tutoría y la transferencia gradual de responsabilidades, garantizando que el negocio siguiera floreciendo con un estilo de liderazgo fresco pero familiar. En otro caso, la compra de acciones por los empleados preservó la cultura de la empresa cuando el propietario decidió jubilarse. Mediante la venta de acciones a empleados leales, la empresa mantuvo sus valores fundamentales y su ética operativa, beneficiándose de la profunda comprensión y el compromiso del equipo. Estos relatos ponen de relieve la eficacia de una planificación de la sucesión bien meditada y muestran los diversos enfoques disponibles para los propietarios de empresas.

2.5 Distribución Equitativa de Activos: Equilibrar la Dinámica Familiar

En la delicada danza de la planificación patrimonial, garantizar una distribución equitativa de los bienes suele plantear un reto importante. Las familias, por su propia naturaleza, son diversas y dinámicas, y cada miembro tiene expectativas y necesidades únicas que pueden complicar el proceso. Imagínese la complejidad emocional a la hora de dividir toda una vida de recuerdos y posesiones. Los herederos pueden tener situaciones financieras o aspiraciones personales diferentes, lo que da lugar a percepciones distintas de lo que es justo. Estas diferencias pueden crear tensiones, especialmente cuando entran en juego objetos sentimentales como las reliquias familiares. Estos objetos suelen tener más peso emocional que valor monetario, pero pueden convertirse en el centro de disputas si no se tratan con cuidado. No es raro que un heredero aprecie una joya simplemente por su relación con un pariente querido, mientras que otro la considera un activo que debe liquidarse para obtener beneficios económicos.

Para sortear estas complejidades, varios instrumentos pueden facilitar una división equilibrada de los bienes. Los pagos de compensación son uno de esos instrumentos. Permiten compensar a los herederos que reciben bienes menos tangibles haciéndoles una donación monetaria, manteniendo así el equilibrio en el conjunto de la herencia.

Esta estrategia es especialmente útil cuando uno de los herederos recibe un bien importante, como la casa familiar, que no puede dividirse fácilmente. Los acuerdos de copropiedad también pueden ofrecer una solución, especialmente para bienes como propiedades vacacionales o negocios. Al conceder a varios herederos la propiedad compartida, puede asegurarse de que cada uno de ellos tenga una participación en la conservación y disfrute del activo. Estos acuerdos requieren términos y condiciones claros para evitar futuros conflictos, pero proporcionan un marco para la gestión cooperativa.

La comunicación abierta es crucial para gestionar las expectativas y evitar malentendidos durante el proceso de reparto. Las reuniones familiares, aunque a veces suponen un reto, ofrecen una plataforma para debatir abiertamente los planes de herencia. Al explicar sus intenciones y escuchar las preocupaciones, se cultiva un ambiente de transparencia y respeto mutuo. Estas discusiones pueden ser difíciles, particularmente si hay dinámicas familiares no resueltas o si el tema de la planificación de la herencia ha sido previamente tabú.

En estos casos, los mediadores pueden desempeñar un papel fundamental. Estas partes neutrales facilitan el diálogo, ayudando a las familias a navegar por conversaciones emocionalmente cargadas y a alcanzar soluciones amistosas. Es vital reiterar que estos son sus deseos, asegurándose de que su voz guía el proceso incluso en su ausencia.

Pensemos en una familia que se enfrenta a la decisión de qué hacer con la casa familiar. La propiedad, rica en recuerdos, es deseada por varios herederos por distintas razones. A través de una serie de reuniones familiares, facilitadas por un mediador, llegan a un acuerdo de propiedad conjunta. Esta decisión les permite conservar la casa como refugio compartido, manteniendo su presencia en la familia para las generaciones futuras. En otro caso, se crea un fideicomiso para equilibrar la herencia entre hermanos con necesidades económicas dispares. Al depositar los activos en un fideicomiso, la familia se asegura de que cada hermano recibe una ayuda justa, adaptada a sus circunstancias. Estos ejemplos ponen de relieve cómo una planificación meditada y un diálogo abierto pueden resolver posibles conflictos y satisfacer las diversas necesidades de una familia.

2.6 Consideraciones Culturales y Regionales Únicas

La planificación patrimonial es un asunto profundamente personal, y los antecedentes culturales pueden influir profundamente en las decisiones que tome. En muchas culturas, la jerarquía familiar y el respeto a los mayores desempeñan un papel importante en el reparto de los bienes. Por ejemplo, en algunas familias asiáticas, el hijo mayor puede heredar tradicionalmente el negocio o la casa familiar, lo que refleja una norma cultural arraigada de traspasar el liderazgo y la responsabilidad a la siguiente generación. Este respeto por la jerarquía puede influir no solo en la forma en que se dividen los bienes, sino también en cómo se toman las decisiones, ya que a menudo se consulta a los mayores y se les da la última palabra. Del mismo modo, las tradiciones culturales pueden dictar legados específicos, como dejar ciertas reliquias a determinados miembros de la familia o hacer donaciones a organizaciones comunitarias afines a los valores familiares.

Las diferencias jurídicas regionales complican aún más la planificación del patrimonio. Las diferencias entre los estados de bienes gananciales y los de derecho consuetudinario, por ejemplo, pueden afectar significativamente a cómo se dividen sus bienes en caso de fallecimiento. En los estados de bienes gananciales, los bienes adquiridos durante el matrimonio suelen considerarse de propiedad conjunta y se dividen a partes iguales, independientemente de quién figure en el título. Esto puede afectar a su plan de sucesión, especialmente si tiene hijos de un matrimonio anterior o bienes personales que desea mantener separados.

Por el contrario, los estados de derecho consuetudinario permiten más flexibilidad, ya que los bienes son propiedad de la persona cuyo nombre figura en el título, lo que le da más control sobre cómo se distribuyen. Del mismo modo, las leyes de sucesión pueden variar mucho, ya que algunas regiones imponen normas estrictas sobre quién puede heredar y en qué proporciones, lo que podría no coincidir con sus deseos personales.

Adaptar su plan sucesorio a estos contextos culturales y regionales requiere sensibilidad y previsión. Incorporar valores culturales a su testamento puede garantizar que su plan sucesorio refleje las tradiciones y prioridades que son importantes para usted y su familia. Esto puede implicar la especificación de determinadas prácticas culturales que deberán observarse tras su fallecimiento o la asignación de fondos para apoyar actos culturales o religiosos. Además, ajustar su plan para tener en cuenta las diferencias fiscales regionales puede ayudar a maximizar el valor de su patrimonio. Algunos estados tienen sus propios impuestos sobre el patrimonio o la herencia, que pueden mitigarse mediante una planificación cuidadosa y una asignación estratégica de activos.

Consideremos el caso de una familia con profundas raíces religiosas, en la que las leyes sucesorias dictan distribuciones específicas. Al incorporar estos principios religiosos a su plan sucesorio, garantizan el cumplimiento de sus creencias, al tiempo que minimizan los posibles conflictos. Otro ejemplo podría ser el de una familia de una región con importantes impuestos sobre el patrimonio, que realiza donaciones estratégicas de activos en vida para reducir la parte imponible de su patrimonio. Estos ejemplos ponen de relieve la importancia de una planificación que tenga en cuenta las diferencias culturales y demuestran cómo un enfoque bien meditado puede honrar las tradiciones y optimizar los resultados financieros.

En conclusión, la planificación patrimonial no es un proceso único. Requiere comprender los factores culturales y regionales únicos que influyen en sus decisiones. Al reconocer estas influencias y adaptar su plan en consecuencia, puede crear una estrategia de sucesión que respete su patrimonio, se ajuste a las leyes locales y satisfaga las necesidades de su familia. Es importante contar con el asesoramiento de un abogado especializado en planificación patrimonial y un asesor financiero, ya que muchas de estas leyes fiscales y fideicomisos son complejas y difieren en cada estado. Ellos conocen toda esta información y trabajan con ella todos los días. En un capítulo posterior, hablaremos de cómo encontrar un buen abogado especializado en planificación patrimonial. A medida que avancemos, explicaremos cómo mantener y actualizar estos planes para garantizar que sigan siendo relevantes y eficaces.

No pases al siguiente capítulo sin hacer lo siguiente;

1. ¿Ha incluido la tutela en su testamento o fideicomiso? Si no es así, piense en quién querría que se hiciera cargo de sus hijos en su ausencia. ¿Tiene los mismos valores que usted? ¿Su hijo estará contento de vivir con ellos? ¿Dejará suficiente dinero para que su hijo tenga seguridad económica? ¿Se lo ha comunicado a sus tutores?

2. ¿Tiene un tutor de reserva? ¿Merece la pena incluirlo en su testamento o fideicomiso?

3. ¿Le conviene un fideicomiso irrevocable? Póngase en contacto con un abogado especializado en planificación patrimonial

4. ¿Ha tenido en cuenta todas las dinámicas culturales, religiosas y de familias mixtas en su testamento/fideicomiso? Escriba lo que quiere y un abogado especializado en sucesiones le dirá cuál es el mejor vehículo legal para hacerlo realidad y cuál es su impacto fiscal.

5. ¿Ha pensado cómo quiere que se gestione su empresa cuando fallezca? ¿Se la comprará un familiar o se la regalará? Si ningún familiar está interesado, ¿cómo valorará la empresa para venderla antes de que usted fallezca o en caso de que usted fallezca?

Capítulo 3

Evitar Los Errores Más Comunes

Imagine que está construyendo una casa. No querría empezar la construcción sin un plano o unos cimientos sólidos, ¿verdad? La planificación patrimonial funciona de forma muy parecida. Un plan claro es crucial para garantizar que se cumplan sus deseos y se cuide de sus seres queridos. Sin embargo, muchos conceptos erróneos pueden llevarnos por mal camino y hacer que nuestros cimientos financieros y familiares se tambalean. Exploremos algunos de estos mitos y comprendamos cómo pueden obstaculizar una planificación eficaz.

Uno de los mitos más extendidos es que la planificación patrimonial es solo para los ricos. Esta idea errónea puede llevar a muchos a desestimar la importancia de contar con un plan. En realidad, la planificación del patrimonio es esencial para todos, independientemente de la riqueza o la edad. No se trata únicamente de distribuir el patrimonio, sino de tomar decisiones críticas sobre la asistencia sanitaria, la tutela y los deseos al final de la vida. Sin un plan, incluso los patrimonios modestos pueden enfrentarse a problemas legales, causando un estrés innecesario a los que se quedan. Pensemos en el caso de un padre soltero, sin grandes bienes, que falleció inesperadamente sin testamento. La falta de una directiva clara puede dar lugar a largas batallas legales sobre la tutela, dejando a los hijos en el limbo en un momento ya de por sí traumático.

Otro error común es creer que un testamento es todo lo que se necesita.

Aunque el testamento es un componente fundamental de cualquier plan sucesorio, no lo abarca todo. Un plan de sucesión completo incluye una variedad de documentos, como fideicomisos, directivas de atención médica y poderes notariales. Estos elementos se combinan para garantizar que se tengan en cuenta todos los aspectos de su vida y sus deseos. Confiar únicamente en un testamento puede dejar importantes lagunas, especialmente si tiene preferencias específicas en materia de atención sanitaria o desea evitar la sucesión testamentaria. La sucesión, a menudo un proceso largo y público, puede retrasar la distribución de los bienes y aumentar los costes. Sin una planificación adicional, incluso con un testamento, las familias pueden verse envueltas en disputas o enfrentarse a cargas fiscales inesperadas.

Creer estos mitos puede tener consecuencias negativas tangibles. Una planificación inadecuada suele dar lugar a conflictos familiares, ya que los parientes pueden tener interpretaciones distintas de tus deseos o expectativas sobre sus herencias.

Estos conflictos pueden fracturar las relaciones familiares, a veces de forma irreparable. Además, sin una planificación estratégica, su patrimonio puede incurrir en impuestos más altos, reduciendo la cantidad dejada a sus herederos. Muchos se sorprenden al saber que los impuestos sobre el patrimonio pueden aplicarse incluso a herencias que consideraban modestas, especialmente en estados con umbrales impositivos más bajos. Este descuido puede dar lugar a que los herederos reciban mucho menos de lo previsto, provocando tensiones financieras.

Comprender la verdad sobre la planificación patrimonial puede ayudar a disipar estos mitos. La planificación es crucial para todos, no solamente para quienes poseen un patrimonio considerable. Se trata de garantizar que sus deseos queden documentados y se cumplan, proporcionándole tranquilidad a usted y a sus seres queridos. El papel de la planificación patrimonial integral va más allá de un simple testamento. Abarca un enfoque holístico para gestionar sus asuntos y proteger el futuro de su familia.

Ejemplos de la vida real subrayan la importancia de disipar estos mitos. Tomemos, por ejemplo, el caso de una familia que asumió que su modesto patrimonio no requería una planificación detallada. Cuando los padres fallecieron inesperadamente, sus hijos se enfrentaron a un prolongado proceso legal para liquidar la herencia, lo que dio lugar a importantes gastos legales y relaciones tensas.

En otro ejemplo, una persona con un testamento sencillo dejó a sus herederos con obligaciones fiscales inesperadas, ya que el testamento no contemplaba las leyes fiscales específicas de cada estado. Por otra parte, considere el caso de los niños que se quedan sin tutor conocido porque sus padres creían que la planificación del patrimonio era innecesaria hasta más tarde en la vida. Estas situaciones ponen de relieve los riesgos de confiar en ideas erróneas y el valor de una planificación proactiva e informada.

Sección de Reflexión

Piense en lo que usted entiende por planificación patrimonial. ¿Alguno de estos mitos ha influido en sus percepciones o decisiones? Tómese un momento para considerar las implicaciones de estos conceptos erróneos en sus planes. Reflexione sobre las áreas en las que podría necesitar buscar información adicional o hacer ajustes para asegurarse de que su plan de sucesión es completo y refleja sus verdaderos deseos.

3.1 Evitar la Sucesión: Estrategias y Ventajas

La sucesión suele evocar imágenes de interminables procedimientos legales y estrés innecesario. Este proceso, aunque tiene por objeto garantizar un reparto justo de los bienes, puede convertirse en un calvario engorroso. Uno de sus principales inconvenientes es el tiempo que consume, que puede retrasar la distribución de los bienes a sus herederos. Las familias pueden encontrarse esperando meses, o incluso años, a que el tribunal resuelva la sucesión. Durante este tiempo, la herencia permanece en el limbo, sin poder utilizarse para mantener a la familia o saldar deudas. Otro inconveniente importante es la exposición pública que conlleva la sucesión. El proceso implica registros públicos, lo que significa que cualquiera puede acceder a detalles sensibles sobre su patrimonio, que muchos preferirían mantener en privado. Para quienes valoran la discreción, este nivel de transparencia puede ser inquietante, ya que expone los asuntos financieros, pudiendo dar lugar a un escrutinio no deseado o a disputas dentro de la familia.

Dadas estas dificultades, muchos intentan eludir por completo el proceso sucesorio y, afortunadamente, existen estrategias eficaces para hacerlo. La creación de un fideicomiso revocable en vida es un método muy popular. Cuando usted transfiere sus activos a un fideicomiso, esencialmente los posee a través del fideicomiso, lo que permite una gestión y distribución fluidas tras su fallecimiento sin necesidad de legalización. Esta estrategia no solo ahorra tiempo, sino que mantiene la privacidad de sus transacciones financieras. Otra opción práctica es la copropiedad de bienes. Mediante la titularidad conjunta de bienes o cuentas con derechos de supervivencia, estos activos pasan automáticamente al copropietario superviviente, eludiendo por completo el proceso sucesorio. Este enfoque es sencillo y garantiza que sus seres queridos puedan acceder rápidamente a sus bienes cuando más los necesiten. Además, nombrar beneficiarios directamente en cuentas como fondos de jubilación o pólizas de seguro de vida también puede ayudar a evitar la sucesión. Cuando se designa claramente a los beneficiarios, estos activos se transfieren directamente a ellos, evitando trámites burocráticos y proporcionando un acceso inmediato.

Las ventajas de evitar la sucesión son considerables. Con liquidaciones más rápidas, su familia puede acceder a los recursos que necesita sin demoras innecesarias. Esto puede ser crucial para mantener su nivel de vida o cubrir gastos urgentes, como el pago de la hipoteca o los estudios. Evitar la sucesión también preserva la privacidad de la familia, permitiendo que los detalles de su patrimonio permanezcan confidenciales. Sin el aspecto de registro público de la sucesión, sus asuntos financieros permanecen dentro de la familia, reduciendo el riesgo de disputas sobre quién hereda qué. Esta privacidad puede ser inestimable para mantener la armonía y evitar los conflictos que a menudo surgen de malentendidos o de una percepción de injusticia.

Veamos la historia de una familia que decidió sabiamente crear un fideicomiso testamentario. Cuando el patriarca de la familia falleció, la transición de los activos se produjo sin problemas y la familia evitó por completo el largo proceso de sucesión. El fideicomiso garantizó que los bienes específicos se distribuyeran de acuerdo con sus deseos, sin lugar a ambigüedades ni impugnaciones. Esta previsión permitió a la familia centrarse en curarse y apoyarse mutuamente, en lugar de enredarse en procedimientos judiciales. En otro caso, una pareja tuvo la precaución de incluirse mutuamente como propietarios de sus bienes principales. Cuando uno de los cónyuges fallece, el otro tenía acceso inmediato a todos los bienes comunes, lo que les permitía gestionar los gastos cotidianos sin demora. Esta rápida transición supuso un alivio en un momento emocionalmente difícil, lo que ilustra la tranquilidad que puede proporcionar la planificación estratégica.

Estos ejemplos ponen de relieve las ventajas de evitar la sucesión mediante una planificación proactiva. Tomando medidas para evitar este proceso, puede garantizar una transición más fluida y privada de su patrimonio, evitando a sus seres queridos estrés e incertidumbre adicionales en un momento difícil.

3.2 Errores Comunes en la Creación de Testamentos y Cómo Evitarlos

Crear un testamento es un paso importante para asegurar el futuro de su familia, pero es fácil pasar por alto algunos errores comunes que pueden socavar sus intenciones. Un error frecuente es no actualizar el testamento con regularidad. La vida cambia constantemente y su testamento debe reflejar esos cambios. Ya sea el nacimiento de un hijo, un matrimonio o un cambio en las circunstancias económicas, su testamento debe evolucionar con su vida. Descuidar estas actualizaciones puede dar lugar a directivas obsoletas, beneficiar inadvertidamente a personas que ya no desea incluir u omitir por completo a nuevos seres queridos. Imagínese la confusión de un testamento que sigue nombrando a un ex cónyuge como beneficiario principal y excluye a una nueva pareja o a un hijo. Estos descuidos pueden causar angustia y conflictos entre sus seres más queridos.

Otro descuido crítico es descuidar los activos digitales. A medida que nuestras vidas se entrelazan con la tecnología, los activos digitales -desde cuentas bancarias en línea a perfiles en redes sociales-, pueden tener un valor significativo. A pesar de ello, muchos testamentos no incluyen disposiciones para estos activos, dejándolos inaccesibles o perdidos. En un mundo en el que la presencia digital forma parte de nuestro día a día, olvidar documentar los datos de acceso, las contraseñas y los deseos específicos para estos activos puede hacer que se pasen totalmente por alto. Esto no solo niega el acceso a recursos potencialmente valiosos, sino que también deja un vacío en su legado, con recuerdos y materiales digitales potencialmente perdidos para siempre.

Nunca se insistirá lo suficiente en la importancia de un testimonio adecuado. Un testamento que no está atestiguado correctamente puede ser considerado inválido, independientemente de su contenido. Este error de procedimiento puede anular sus intenciones, colocando su patrimonio en la sucesión intestada, donde las leyes estatales dictan la distribución en lugar de sus deseos. Las consecuencias pueden ser nefastas, ya que los herederos se enfrentan a largas batallas legales para hacer valer sus derechos, lo que a menudo provoca disputas familiares y relaciones tensas. Sin la salvaguarda de un testamento válido, sus bienes pueden acabar en manos de beneficiarios no deseados, en contra de sus planes.

Para evitar estos escollos, es fundamental programar revisiones periódicas de su testamento. Establecer una rutina, como revisar su testamento anualmente o después de acontecimientos vitales importantes, garantiza que se mantenga actualizado y refleje sus deseos. Incluir instrucciones detalladas para los activos digitales en su testamento también es vital. Especifique claramente cómo deben gestionarse o transferirse a su fallecimiento, facilitando los datos de acceso necesarios a una persona de confianza. Esta previsión garantiza que su legado digital se conserve y gestione de acuerdo con sus deseos. Además, asegúrese de que su testamento esté atestiguado de acuerdo con las normas legales, que suelen requerir la presencia de dos testigos imparciales. Este paso, sencillo, pero vital, consolida la validez de su testamento y protege sus intenciones frente a impugnaciones legales.

Veamos el caso de una familia cuyo patriarca no actualizó su testamento tras varios cambios importantes en su vida. En su testamento original, redactado décadas atrás, nombraba beneficiarios a sus hermanos, a pesar de haber formado una nueva familia. A su muerte, el testamento obsoleto dio lugar a una larga disputa legal entre su esposa y sus hermanos, fracturando los lazos familiares y consumiendo recursos que podrían haberse utilizado de forma más constructiva.

En otro caso, el hecho de que una persona experta en tecnología no documentara sus activos digitales provocó la pérdida de valiosas criptomonedas y preciados recuerdos digitales, dejando a los herederos sin la posibilidad de recuperar estos tesoros intangibles. Estas historias sirven como recordatorios conmovedores de la importancia de la vigilancia y la previsión en la creación de testamentos.

3.3 Comprender las Implicaciones y Estrategias Fiscales

Navegar por el laberinto de los impuestos sobre el patrimonio puede parecer desalentador, pero entender sus implicaciones es crucial para un sólido plan de sucesión. A nivel federal, los impuestos sobre el patrimonio se aplican a la transferencia de bienes en el momento del fallecimiento, con un umbral actual que permite a las personas pasar hasta 13,99 millones de dólares libres de impuestos.

Está previsto que esta exención disminuya significativamente a partir de 2025, lo que podría ampliar el impacto del impuesto. Sin embargo, los impuestos sobre el patrimonio específicos de cada estado pueden complicar aún más las cosas. Algunos estados imponen sus propios impuestos, a menudo con umbrales más bajos que el nivel federal. Esto significa que incluso si su patrimonio está por debajo de la exención federal, podría tener que hacer frente a impuestos estatales sobre el patrimonio. Ignorar estas variaciones puede dar lugar a costosas sorpresas para sus herederos, disminuyendo su herencia y causando potencialmente tensiones financieras en un momento ya de por sí difícil.

Para mitigar estas cargas fiscales, se pueden emplear varias estrategias. Un método eficaz es la donación en vida. Transfiriendo activos a sus herederos en vida, puede reducir el tamaño de su patrimonio imponible. El límite anual de exclusión para donaciones es actualmente de 17.000 $ por beneficiario, lo que le permite donar sumas sustanciales a lo largo del tiempo sin incurrir en impuestos sobre donaciones. Este enfoque no sólo reduce el valor de su patrimonio, sino que también le permite ser testigo directo de los beneficios de su generosidad. Otra poderosa herramienta es la creación de fideicomisos benéficos. Estos fideicomisos pueden proporcionar ingresos a los herederos y transferir los activos restantes a una organización benéfica. Esto no sólo cumple objetivos filantrópicos, sino que también ofrece importantes deducciones fiscales, reduciendo aún más el patrimonio imponible. La estructuración de estos acuerdos requiere una planificación cuidadosa, ya que deben estar en consonancia tanto con sus objetivos financieros como con sus intenciones benéficas.

Incluso con estas estrategias, abundan los escollos y los errores pueden salir caros. Un error común es malinterpretar las leyes fiscales, lo que puede dar lugar a responsabilidades imprevistas. La normativa fiscal es compleja y cambia con frecuencia, por lo que es vital mantenerse informado y consultar con asesores expertos. Pasar por alto los impuestos estatales sobre el patrimonio es otro riesgo, ya que muchos asumen que basta con cumplir los requisitos federales. Cada estado tiene sus propias normas y no tenerlas en cuenta puede acarrear importantes sanciones. Evitar estos escollos requiere diligencia y un enfoque proactivo, que garantice que su plan sigue cumpliendo la legislación fiscal vigente y está optimizado para ello.

Consideremos el ejemplo de una familia que redujo con éxito sus obligaciones fiscales mediante la donación estratégica. A lo largo de varios años, transfirieron una parte de su patrimonio a sus hijos, reduciendo significativamente el valor imponible de la herencia. Esta previsión no solo preservó más de su legado para las generaciones futuras, sino que también fortaleció los lazos familiares a través de experiencias compartidas y apoyo. En cambio, otra familia utilizó eficazmente los fideicomisos para gestionar la exposición fiscal. Mediante la creación de un fideicomiso benéfico, redujeron al mínimo el impuesto sobre el patrimonio y, al mismo tiempo, apoyan causas que les interesaban profundamente. Este doble beneficio puso de relieve el poder de una planificación meditada, demostrando cómo el uso estratégico de los fideicomisos puede alinear a la perfección los objetivos financieros y filantrópicos. Estos ejemplos ponen de relieve la importancia de comprender y gestionar activamente las implicaciones fiscales de su plan sucesorio.

3.4 Elegir a Los Asesores Jurídicos y Financieros Adecuados

Navegar por las complejidades de la planificación patrimonial puede resultar abrumador, pero usted no está solo en este empeño. El asesoramiento profesional tiene un valor incalculable, ya que garantiza que todos los aspectos jurídicos y financieros de su plan sucesorio se gestionen con precisión. La orientación de expertos es crucial para mantener el cumplimiento legal y navegar por el intrincado panorama financiero. Los asesores jurídicos son expertos en redactar documentos que se ajusten a las leyes en constante cambio, garantizando que sus intenciones están claramente articuladas y sean ejecutables. Además, los asesores financieros cualificados pueden ayudarle a gestionar sus activos, elaborando estrategias que se ajusten a sus objetivos y mitiguen las posibles obligaciones fiscales. Su experiencia puede transformar un proceso desalentador en uno manejable, proporcionándole tranquilidad.

Seleccionar a los profesionales adecuados requiere una cuidadosa reflexión. Empiece por comprobar las credenciales y la experiencia. Busque asesores especializados en planificación patrimonial, con certificaciones y años de práctica en este campo.

Esta especialización les garantiza un profundo conocimiento de los matices que intervienen. Las referencias y los testimonios también son recursos valiosos. Busque recomendaciones de amigos o familiares de confianza que hayan llevado a cabo con éxito la planificación patrimonial. Sus experiencias de primera mano pueden orientarse hacia asesores reputados. Además, la lectura de reseñas o testimonios de clientes puede ofrecer información sobre la eficacia de un asesor y la satisfacción de sus clientes. Estos pasos le ayudarán a formar un equipo de profesionales no solo cualificados, sino también adecuados a sus necesidades personales.

Cada asesor desempeña un papel distinto en el proceso de planificación patrimonial. Los abogados son esenciales para redactar documentos legales, como testamentos, fideicomisos y poderes. Se aseguran de que estos documentos sean jurídicamente correctos y reflejan con exactitud sus deseos. Su función es aportar claridad y evitar futuros litigios, abordando de forma proactiva los posibles problemas legales. Por otro lado, los asesores financieros se centran en la gestión de sus activos. Proporcionan orientación sobre estrategias de inversión, planificación fiscal y conservación del patrimonio. Su objetivo es maximizar el valor de su patrimonio y minimizar las responsabilidades. Trabajando juntos, estos asesores crean una estrategia integral que cubre todas las bases, desde el cumplimiento legal hasta la optimización financiera. Si encuentra un buen abogado, es posible que le recomiende un asesor financiero con el que trabaje estrechamente y viceversa. Es importante asegurarse de que trabajan en equipo para alcanzar sus objetivos.

Veamos la historia de una pareja que planificó con éxito su patrimonio con la ayuda de un equipo de expertos. Empezaron buscando referencias de amigos, que les llevaron a un abogado con experiencia y a un asesor financiero experto. El abogado redactó meticulosamente sus documentos, asegurándose de que cada detalle se ajustará a sus deseos. Por su parte, el asesor financiero desarrolló una sólida estrategia de inversión que optimizó su patrimonio teniendo en cuenta las futuras implicaciones fiscales. Juntos, este equipo elaboró un plan sucesorio perfecto que reflejaba los valores y objetivos de la pareja. La compleja naturaleza de su patrimonio se gestionó sin problemas, abordando de forma proactiva todos los posibles problemas. Esta colaboración no solo protegió sus activos, sino que también les proporcionó la confianza de saber que su legado estaba en buenas manos.

Otro ejemplo es el de una persona con un elevado patrimonio que se enfrentaba al reto de gestionar un patrimonio polifacético. Con propiedades en varios estados e inversiones diversas, la complejidad requería un enfoque coordinado. Eligiendo asesores con conocimientos específicos en materia inmobiliaria, fiscal y de gestión de inversiones, la persona pudo agilizar el proceso. Cada asesor aportó sus conocimientos, desde garantizar el cumplimiento de las diversas leyes estatales hasta optimizar la estrategia fiscal. El resultado fue un plan patrimonial cohesionado que minimizaba las responsabilidades y maximiza el potencial del patrimonio. Esta historia subraya la importancia de seleccionar profesionales que puedan abordar los aspectos únicos de su patrimonio, proporcionando un enfoque a medida que satisfaga sus necesidades específicas.

3.5 Los Peligros de la Dilación: Por Qué la Planificación Patrimonial no puede Esperar

La vida nos lanza bolas curvas cuando menos lo esperamos. Es fácil relegar la planificación patrimonial a un segundo plano, pensando que siempre hay un mañana. Sin embargo, retrasar estas decisiones cruciales puede dejarle desprevenido ante acontecimientos inesperados, convirtiendo la imprevisibilidad de la vida en una crisis. Imagínese tener que hacer frente a una enfermedad repentina o a un accidente imprevisto sin contar con un plan. Esta falta de preparación puede aumentar el estrés, dejando a su familia en un laberinto de decisiones legales y financieras en medio de la confusión emocional. La ausencia de un plan puede agravar el dolor con confusión, complicando un momento ya de por sí difícil.

Los acontecimientos de la vida exigen a menudo un replanteamiento de la planificación patrimonial. El matrimonio o el divorcio, por ejemplo, pueden alterar drásticamente su situación financiera y la designación de beneficiarios. No actualizar su plan en estos casos puede hacer que personas no deseadas reciban bienes o que se pase por alto a seres queridos. El nacimiento de los hijos representa otro momento crucial. Como padres, el instinto de proteger y proveer a su nuevo hijo es muy fuerte, por lo que es crucial asegurarse de que su plan de sucesión refleja esta nueva responsabilidad. Los viajes al extranjero son otro motivo para revisar sus planes. Aunque viajar es una aventura emocionante, también conlleva riesgos inherentes que hacen que tener sus asuntos en orden sea una decisión inteligente. Cada uno de estos cambios en la vida sirve como recordatorio de la importancia de actualizar y revisar periódicamente su plan de sucesión.

Actuar ahora en la planificación de su patrimonio puede ofrecerle una gran tranquilidad. Saber que sus seres queridos están protegidos y que sus deseos están claros puede aliviar la ansiedad y proporcionarle una sensación de control sobre el futuro. Un plan bien elaborado ofrece flexibilidad, lo que le permite adaptarlo a medida que cambia su vida. Esta adaptabilidad es fundamental, dada la rapidez con que pueden evolucionar las circunstancias. Si empieza hoy mismo, tendrá la libertad de tomar decisiones informadas a su propio ritmo, sin la presión de un plazo inminente o una crisis inesperada que le obligue a actuar.

Consideremos la historia de una familia sorprendida por la repentina enfermedad de su patriarca. Sin un plan de sucesión, se desató el caos cuando los miembros de la familia se apresuraron a gestionar sus asuntos, lo que provocó costosos errores y prolongadas batallas legales. La falta de previsión provocó un estrés innecesario y pérdidas económicas que podrían haberse evitado con una planificación adecuada. En otro caso, una pareja se apresuró a elaborar un plan cuando uno de sus miembros cayó enfermo. La precipitación hizo que se pasaran por alto detalles y problemas legales que podrían haberse mitigado con una preparación previa. Del mismo modo, un hombre que se volvió a casar más tarde no actualizó su testamento. A su muerte, su patrimonio se distribuyó según deseos obsoletos, dejando a su nueva esposa sin apoyo y provocando conflictos entre sus hijos.

Aplazar la planificación del patrimonio puede tener consecuencias nefastas. La ausencia de un plan puede dejar a su familia en una situación de vulnerabilidad, enfrentándose a dificultades innecesarias en momentos de angustia. Si actúa ahora, se asegurará de que su legado sea un legado de seguridad y provisión, en lugar de un legado de confusión e incertidumbre. Para concluir este capítulo, recuerde que las medidas que tome hoy pueden proteger a sus seres queridos mañana. Con estos conocimientos, estará mejor preparado para avanzar con confianza, sabiendo que su plan de sucesión refleja sus valores y prioridades.

No pases al siguiente capítulo sin hacer lo siguiente;

1. ¿Cuándo fue la última vez que actualizó su testamento/fideicomiso? Revíselo ahora y compruebe si hay algo que deba actualizar. Anota en tu agenda un recordatorio para revisarlo de nuevo dentro de un año y mantener tus deseos al día.

2. Si no ha creado un testamento o fideicomiso, en el capítulo 5 le explicaremos cómo encontrar un abogado especializado en sucesiones, pero empiece ahora por pedir recomendaciones a amigos y familiares sobre un abogado especializado en sucesiones y un buen asesor financiero.

Capítulo 4

Organizar y Documentar Sus Activos

Imagine que intenta resolver un puzzle con piezas esparcidas por toda la habitación. Sin saber qué representa cada pieza y cómo encajan, la tarea parece desalentadora. Del mismo modo, la planificación patrimonial implica organizar las piezas de su vida financiera en una imagen coherente. Esto comienza con la creación de un inventario detallado de sus activos. Piense en ello como si colocara las piezas del rompecabezas para que pueda ver lo que tiene y dónde encaja en el esquema más amplio de su patrimonio. Un inventario bien mantenido es crucial para una planificación patrimonial eficaz, ya que garantiza que sus bienes se distribuyan de acuerdo con sus deseos y ayuda a agilizar el proceso sucesorio, facilitando a sus seres queridos la gestión de su patrimonio cuando llegue el momento.

El proceso de creación de un inventario puede parecer abrumador, pero dividirlo en pasos manejables puede simplificarse considerablemente. Empiece por sus activos físicos. Haga una lista de todos los objetos que posee, desde propiedades inmobiliarias hasta objetos personales como joyas, obras de arte y objetos de colección. Estos bienes tangibles suelen tener un valor significativo y un significado sentimental, por lo que es importante documentarse minuciosamente. A continuación, pase a los activos financieros, como acciones, bonos, cuentas de ahorro y fondos de jubilación. Asegúrese de incluir los números de cuenta y la información de contacto de las instituciones financieras. Esta lista exhaustiva no solo proporciona una imagen clara de su patrimonio, sino que también sirve como hoja de ruta para sus herederos, guiándose hacia los activos que pueden heredar.

En la era digital actual, numerosas herramientas pueden ayudar en la gestión del inventario. Aplicaciones de finanzas personales como Mint o YNAB ofrecen plataformas para el seguimiento de activos y gastos, proporcionando una visión general de su panorama financiero de un vistazo. Estas herramientas pueden ser especialmente útiles para organizar carteras complejas y asegurarse de que no se pasa por alto ningún activo. Alternativamente, hojas de cálculo como las creadas en Microsoft Excel ofrecen un enfoque personalizable para la gestión del inventario, permitiéndole adaptar el formato a sus necesidades específicas. Para quienes prefieran un enfoque más práctico, un cuaderno de planificación patrimonial puede servir como registro tangible de sus activos, con secciones dedicadas a distintos tipos de activos y notas personales. Y si quieres guardarlo en línea, prueba Shortly, que tendrías que comprar, pero guarda cosas como los números de serie y se puede actualizar fácilmente. Estas herramientas no solo ayudan en la creación inicial de tu inventario, sino también en su mantenimiento a lo largo del tiempo, garantizando que siga siendo preciso y esté actualizado.

Actualizar periódicamente su inventario de activos es tan importante como crearlo. A medida que la vida evoluciona, también lo hace su situación financiera. Ya sea adquiriendo nuevos activos, vendiendo los antiguos o experimentando cambios en la titularidad de los activos, reflejar estas actualizaciones en su inventario es crucial. Las revisiones periódicas garantizan que su plan sucesorio siga siendo relevante y que sus herederos tengan acceso a la información más actualizada. Esta diligencia puede evitar confusiones y disputas, proporcionando la tranquilidad de que su legado está protegido. Además, mantener su inventario actualizado garantiza que cualquier cambio en el valor de sus activos se registre con precisión, lo que puede ser vital a efectos fiscales y testamentarios.

Sección de Reflexión

Tómese un momento para reflexionar sobre los bienes de su vida. ¿Qué objetos tienen más valor para usted, tanto desde el punto de vista económico como sentimental? Empiece un inventario enumerando estos bienes, anotando su significado y las instrucciones específicas que pueda tener para su distribución. Utilice este ejercicio como punto de partida para una exploración más profunda, que le permita elaborar un inventario exhaustivo que refleje sus circunstancias y prioridades particulares. Esta reflexión puede aportar claridad y orientación a medida que siga desarrollando su plan de sucesión, asegurándose de que esté en consonancia con sus valores y objetivos.

4.1 Documentos Esenciales Para la Planificación Patrimonial

Navegar por los entresijos de la planificación patrimonial requiere un firme conocimiento de varios documentos fundamentales. En el centro de este proceso se encuentran los testamentos y los fideicomisos, cada uno de los cuales cumple una función única a la hora de garantizar su legado. El testamento es la piedra angular, ya que establece cómo se distribuirán sus bienes tras su fallecimiento y nombra a los tutores de sus hijos menores. Proporciona unas directrices claras para garantizar el cumplimiento de sus deseos y minimizar las posibles disputas entre herederos.

Mientras tanto, los fideicomisos ofrecen una forma de gestionar sus bienes tanto en vida como después de su fallecimiento. Pueden ayudar a evitar la validación testamentaria, mantener la privacidad y ofrecer condiciones específicas para la distribución de sus bienes, lo que puede ser especialmente útil en situaciones familiares complejas o para mantener el control sobre el calendario de las distribuciones.

Los poderes son otro componente vital de su plan de sucesión. Este documento otorga a una persona de confianza la autoridad para tomar decisiones en su nombre si usted queda incapacitado. Suele haber dos tipos: poder financiero y poder médico. El primero permite a su apoderado gestionar sus asuntos financieros, asegurándose de que se paguen las facturas y se gestionan eficazmente las inversiones. El segundo permite a su apoderado sanitario designado tomar decisiones médicas según sus preferencias.

Estos documentos constituyen una red de seguridad que garantiza que alguien de su confianza gestionará sus asuntos de acuerdo con sus deseos, aunque usted no pueda comunicarse.

La preparación de estos documentos requiere reflexión y precisión. Es muy recomendable consultar a profesionales del derecho para asegurarse de que sus documentos cumplen las leyes estatales y reflejan fielmente sus intenciones. Los requisitos para que un documento tenga validez legal varían de un estado a otro, como el número de testigos necesarios o la necesidad de certificación notarial. Un abogado cualificado puede orientar sobre estos requisitos y ayudarle a redactar documentos que resisten el escrutinio legal. También es esencial revisar estos documentos periódicamente, sobre todo después de cambios importantes en la vida como el matrimonio, el divorcio o el nacimiento de un hijo, para asegurarse de que siguen siendo actuales y pertinentes.

Para facilitar la recopilación de estos documentos, una lista de comprobación puede ser muy valiosa. Empiece por verificar que estén todas las firmas y autorizaciones necesarias. Este paso es crucial para garantizar la validez legal de sus documentos. A continuación, piense dónde guardará los documentos. Deben guardarse en un lugar seguro pero accesible, como una caja fuerte ignífuga o una caja de seguridad, o en línea en una cámara digital cifrada. También es aconsejable entregar copias a su abogado o a un familiar de confianza, para garantizar que pueda acceder a ellos cuando los necesite. Llevar un registro de dónde se guardan estos documentos y quién tiene acceso a ellos puede evitar confusiones y retrasos cuando se necesiten.

Lista de control para el montaje de documentos

- Garantizar que todos los documentos estén firmados y legalizados ante notario, tal como exige la legislación estatal.
- Guarde los documentos originales en un lugar seguro y de fácil acceso
- Proporcione copias a su abogado o a una persona de confianza

· Mantenga un registro detallado de la ubicación de los documentos y los permisos de acceso

Si sigue estos pasos, se asegurará de que su plan sucesorio sea completo y eficaz, y le proporcionará tranquilidad a usted y a sus seres queridos.

4.2 Utilizar la Tecnología Para Gestionar y Proteger su Patrimonio

En la era digital actual, la tecnología ofrece potentes herramientas para ayudarle a gestionar y asegurar su plan de sucesión. Imagine tener todos sus documentos esenciales organizados y accesibles con sólo unos clics, todo desde la comodidad de su hogar. Las plataformas en línea, como Google Drive, para almacenar y compartir documentos han revolucionado la forma en que gestionamos la planificación del patrimonio, ofreciendo una ubicación centralizada donde puede almacenar de forma segura testamentos, fideicomisos y otros documentos esenciales. Estas plataformas permiten acceder cómodamente a los documentos desde cualquier lugar, lo que garantiza la posibilidad de actualizarlos o consultarlos siempre que sea necesario. Las cámaras acorazadas digitales, otra solución innovadora, ofrecen un acceso seguro a la información importante, permitiéndole mantener protegidos datos confidenciales como números de cuenta y contraseñas, pero fácilmente accesibles para las personas de su confianza.

La seguridad es primordial cuando se trabaja con herramientas digitales. Elegir plataformas de confianza con sólidas funciones de seguridad garantiza que tu información permanezca privada y protegida. La autenticación de dos factores es una característica clave que ofrecen muchos servicios, añadiendo una capa extra de seguridad al requerir una segunda forma de verificación, como un código de mensaje de texto o una notificación de la aplicación. Esto significa que aunque alguien consiga tu contraseña, no podrá acceder a tu cuenta sin este paso de verificación adicional. El almacenamiento de datos cifrados, como Dropbox, mejora aún más la seguridad al convertir tu información en un código al que solo pueden acceder quienes tengan la clave de descifrado adecuada, protegiéndola de accesos no autorizados. Estas características son cruciales para mantener la integridad y confidencialidad de tus documentos patrimoniales, dándote la tranquilidad de que tu información sensible está segura.

Las ventajas de adoptar la gestión digital del patrimonio van mucho más allá de la seguridad. Estas herramientas mejoran la eficiencia al permitir el acceso instantáneo a sus documentos desde prácticamente cualquier lugar, tanto si está en casa como de viaje. Esta flexibilidad le permite realizar cambios o compartir información con sus asesores de forma rápida y sencilla, sin las molestias del papeleo físico. Compartir el acceso con su albacea es otra ventaja significativa. Al concederles acceso digital, se asegura de que tengan acceso inmediato a los documentos que necesitan para cumplir sus funciones con eficacia, lo que facilita un proceso de administración de la herencia más fluido. Esta facilidad de intercambio reduce los retrasos y agiliza la comunicación, garantizando que su plan sucesorio se ejecute de acuerdo con sus deseos.

Consideremos el ejemplo de una familia que utilizó una cámara acorazada digital para gestionar sus documentos patrimoniales. Esta familia descubrió la comodidad y seguridad de almacenar sus testamentos, pólizas de seguros y registros financieros en un lugar centralizado y seguro. Cuando llegó el momento de ejecutar el plan sucesorio, el albacea tuvo acceso inmediato a todos los documentos necesarios, lo que le permitió actuar con rapidez y eficacia. Este enfoque pro-activo evitar posibles complicaciones y garantizar una transición fluida de los activos. Otro caso fue el de un albacea que se benefició del acceso compartido en línea a los planes de sucesión. Al tener acceso digital, pudo colaborar con asesores financieros y profesionales jurídicos en tiempo real, tomando decisiones informadas que se ajustaban a los deseos del difunto. No hay que olvidar que, aunque el almacenamiento sea digital, los documentos siguen necesitando ser atestiguados y debidamente ejecutados. Estos ejemplos ilustran el impacto transformador de la integración de la tecnología en la planificación patrimonial, demostrando su potencial para simplificar y mejorar el proceso para todos los implicados.

4.3 Documentar los Deseos: Directivas Sanitarias y Más

¿Ha pensado alguna vez cómo quiere que le atiendan si no puede tomar decisiones por sí mismo? Las directrices sanitarias son una parte fundamental de la planificación patrimonial, ya que garantizan que se cumplan sus deseos médicos cuando no pueda hablar por sí mismo. Ofrecen la tranquilidad de saber que sus preferencias guiarán sus cuidados, tanto si se enfrenta a un contratiempo temporal como a una enfermedad prolongada. Sin estas directrices, su familia podría tener que tomar decisiones difíciles en situaciones de gran carga emocional. Al tener sus deseos claramente documentados, libera a sus seres queridos de la carga de adivinar o, peor aún, de estar en desacuerdo sobre lo que usted podría haber querido.

La creación de directrices sanitarias implica unos cuantos pasos clave. Empiece por pensar en sus preferencias de tratamiento en distintas situaciones. ¿Desea tratamientos agresivos o prefiere cuidados centrados en la comodidad? Una vez que tenga claros sus deseos, designe a un apoderado médico. Se trata de alguien en quien confía para que tome decisiones médicas en su nombre si usted no puede hacerlo, y debe ser la persona que sea su apoderado médico. Es aconsejable nombrar también a un sustituto, por sí su primera opción no está disponible. También deben tenerse en cuenta las preferencias de asistencia sanitaria a largo plazo, sobre todo si tiene sentimientos fuertes sobre su asistencia en situaciones crónicas o al final de la vida. Escriba estas preferencias de forma que sean fáciles de entender y aplicar para su apoderado. Estos documentos deben estar debidamente formalizados para que sean válidos, así que consulte a su abogado para que le asesore correctamente.

Además de los poderes para la atención sanitaria y las preferencias de tratamiento, existen otras directrices igualmente importantes. Por ejemplo, un testamento vital o unas directrices sanitarias avanzadas describen los tratamientos específicos que usted desea o no desea. Puede incluir decisiones sobre medidas de soporte vital, como la ventilación o las sondas de alimentación. Una orden de no reanimación (DNR) es otra directiva que se puede tener en cuenta, sobre todo si desea evitar la reanimación cardio pulmonar en caso de parada cardiaca. Estos documentos garantizan que el personal sanitario y los familiares estén de acuerdo y respeten su autonomía incluso cuando no pueda comunicarse.

Consideremos la historia de una paciente que documentó meticulosamente sus deseos sanitarios. Cuando se enfrentó a una enfermedad grave, su familia sabía exactamente qué medidas tomar porque sus directrices eran claras y estaban bien comunicadas. Esta claridad permitió a su familia centrarse en apoyarla emocionalmente, en lugar de agonizar por las decisiones médicas. En otro caso, una familia evitó posibles disputas porque el poder notarial para la atención sanitaria y las órdenes de no reanimar a su ser querido estaban bien establecidos. Los documentos no solo servían de orientación, sino que también les reconfortaba al saber que estaban cumpliendo los verdaderos deseos de su ser querido. Estos ejemplos ponen de manifiesto el poder de una planificación sanitaria exhaustiva, que ilustra cómo puede evitar confusiones y conflictos en momentos difíciles.

4.4 Activos Digitales: Proteger su Presencia en Internet

En la actual era digital, el panorama de los activos personales se ha ampliado más allá de lo tangible. Ahora poseemos activos digitales, que se han convertido en parte integrante de nuestras vidas. Entre ellos están las cuentas de redes sociales, los perfiles bancarios en línea, las cuentas de inversión e incluso las divisas digitales. Es fundamental incluirlos en su plan de sucesión porque tienen valor tanto financiero como sentimental. Piense en sus cuentas de redes sociales: son archivos de recuerdos e interacciones con sus seres queridos. Del mismo modo, sus cuentas bancarias y de inversión en línea representan partes significativas de su cartera financiera. Ignorar estos activos en la planificación de su patrimonio puede suponer la pérdida de oportunidades y crear dificultades para sus herederos.

La seguridad de sus activos digitales comienza con la creación de un inventario exhaustivo de activos digitales. Este inventario debe enumerar todas sus cuentas en línea, incluidos los nombres de usuario, las contraseñas y la finalidad de cada cuenta. Es esencial mantener este inventario actualizado, reflejando cualquier cambio en los detalles de la cuenta o las nuevas cuentas que pueda abrir. Utilizar un gestor de contraseñas puede ser de gran ayuda en este proceso. Estas herramientas no únicamente ayudan a organizar las contraseñas de forma segura, sino que también permiten compartir el acceso con personas de confianza sin revelar información sensible. Esto garantiza que sus activos digitales sean accesibles para las personas que usted designe, protegiéndolos de accesos no autorizados y manteniendo al mismo tiempo su privacidad.

Cuando se gestionan activos digitales, es importante entender las consideraciones legales que entran en juego. Las distintas plataformas tienen diferentes condiciones de servicio, que pueden afectar a la gestión de sus cuentas tras su fallecimiento. Algunos servicios le permiten designar un contacto de legado que pueda gestionar su cuenta, mientras que otros pueden eliminar automáticamente sus perfiles si permanecen inactivos durante un periodo determinado. Familiarizarse con estos términos es crucial para garantizar que su legado digital se preserve de acuerdo con sus deseos. Los servicios de planificación del patrimonio digital también pueden ofrecer orientación y apoyo, ayudándole a navegar por estas complejidades. Estos servicios ofrecen experiencia en la gestión de activos digitales, garantizando que se manejan con cuidado y teniendo en cuenta la legalidad. Su abogado debería poder recomendarle uno en su estado.

Las historias de éxito ilustran la eficacia de la gestión proactiva de activos digitales. Por ejemplo, una familia que planificó meticulosamente la transferencia de sus cuentas en línea. Con un inventario detallado de sus activos digitales y un gestor de contraseñas, se aseguraron un acceso sin fisuras a cuentas financieras significativos y a sus preciados recuerdos digitales. Esta previsión les permitió navegar por las complejidades de la gestión de activos digitales con facilidad, preservando la presencia en línea y los activos del difunto. En otro ejemplo, el legado digital de una persona se elaboró cuidadosamente mediante una planificación minuciosa. Al conocer las condiciones de los acuerdos de servicio de cada plataforma y aprovechar los servicios de planificación del patrimonio digital, se aseguraron de que sus redes sociales y perfiles en línea siguieron reflejando sus valores y recuerdos. Estas historias ponen de relieve la importancia de incluir los activos digitales en su plan de sucesión, ilustrando cómo una planificación cuidadosa puede proteger y preservar su presencia en línea para las generaciones futuras.

4.5 Soluciones de Almacenamiento a Largo Plazo: Proteja sus Documentos

Asegurar sus documentos de planificación patrimonial no es una mera sugerencia; es una necesidad. Estos documentos son la clave de su legado, ya que detallan sus deseos y garantizan que sus bienes se gestionan y distribuyen como usted desea. Sin un almacenamiento adecuado, estos documentos cruciales son vulnerables a pérdidas, daños o accesos no autorizados. Imagine la confusión que se produciría si su testamento o sus documentos fiduciarios se destruyeran accidentalmente en un incendio o se extraviaron durante una mudanza. Esto podría provocar confusión, disputas e incluso batallas legales entre sus herederos. Almacenar estos documentos de forma segura le protege de tales riesgos, proporcionándole la tranquilidad de que su plan de sucesión permanecerá intacto y accesible cuando lo necesite.

Existen varios métodos para almacenar sus documentos de forma segura, cada uno con sus propias ventajas. Las cajas de seguridad de los bancos ofrecen una gran seguridad contra robos y daños ambientales, por lo que son una opción fiable para quienes prefieren los métodos de almacenamiento tradicionales. Estas cajas son ideales para guardar documentos originales, ya que están protegidos por las medidas de seguridad del banco. Sin embargo, el acceso puede estar limitado al horario bancario, lo que podría retrasar la recuperación en caso de emergencia. Las cajas fuertes ignífugas para el hogar son otra solución eficaz, puesto que ofrecen un acceso inmediato al tiempo que protegen los documentos de los daños causados por el fuego y el agua. Combinan la comodidad del acceso doméstico con la seguridad de la protección frente a amenazas físicas. Para los que adoptan la transformación digital, el almacenamiento en la nube ofrece una alternativa moderna. Esta opción te permite almacenar y acceder a tus documentos desde cualquier lugar con conexión a Internet, garantizando que estén a salvo de amenazas físicas y que puedan compartirse fácilmente con personas autorizadas.

Para elegir la solución de almacenamiento adecuada hay que tener muy en cuenta las necesidades y preferencias personales. Sopese los pros y los contras del almacenamiento físico frente al digital. El almacenamiento físico, como las cajas de seguridad y las cajas fuertes domésticas, ofrece seguridad tangible y protección contra las ciberamenazas, pero puede limitar el acceso. El almacenamiento digital ofrece una comodidad y facilidad de uso incomparables, pero requiere medidas de ciberseguridad estrictas para proteger contra el acceso no autorizado. Asegúrese de que su albacea y sus familiares de confianza tengan acceso a sus documentos almacenados. Esto es crucial para que puedan ejecutar su plan sucesorio sin problemas y sin retrasos innecesarios. Considere la posibilidad de proporcionarles instrucciones sobre cómo acceder a los documentos, ya sea mediante una llave, una combinación o credenciales digitales de inicio de sesión.

Para ilustrar las ventajas de un almacenamiento adecuado, pensemos en una familia que tuvo que hacer frente a una emergencia inesperada. Gracias a que guardaron sus documentos patrimoniales en una caja fuerte ignífuga, pudieron recuperarlos rápidamente, evitando retrasos en el acceso a información crítica. Esta previsión les permitió centrarse en sus necesidades inmediatas sin el estrés añadido de buscar documentos vitales. En otro caso, una familia utilizó el almacenamiento en la nube para guardar sus documentos sucesorios. Cuando llegó el momento de ejecutar el plan de sucesión, los miembros autorizados de la familia accedieron a los documentos sin problemas, garantizando una transición fluida y minimizando posibles conflictos. Estos ejemplos ponen de relieve cómo las decisiones meditadas de almacenamiento pueden evitar complicaciones y garantizar que sus planes estén protegidos y sean accesibles.

Al proteger sus documentos patrimoniales, no solo se protege contra pérdidas o daños. Se asegura de que, llegado el momento, sus deseos se cumplan de forma eficaz y sin obstáculos innecesarios. Adapte sus soluciones de almacenamiento a su estilo de vida y a las necesidades de sus seres queridos, creando un sistema que ofrezca seguridad y accesibilidad. Este enfoque proactivo no únicamente salvaguarda su legado, sino que también proporciona una tranquilidad inestimable para usted y su familia. Mientras sigue perfeccionando su plan de sucesión, recuerde que un documento bien protegido es una parte vital de un plan bien preparado.

No pases al siguiente capítulo sin hacer lo siguiente;

1. ¿Ha hecho una lista detallada de los activos? Incluya también una lista de pasivos

2. ¿Has enumerado tus activos digitales en el punto 1? Enumera los datos bancarios, los datos de acceso a cuentas compartidas, los datos de acceso a redes sociales y guárdalos en tu bóveda digital segura.

3. ¿Ha pensado a quién traspasará estos activos y pasivos? Empiece a pensar y a asignar nombres

4. ¿Dispone de instrucciones sanitarias? Considere la posibilidad de elaborar una y comunicar sus deseos a su familia. Asegúrese de que su apoderado médico conozca sus deseos y tenga una copia de la directiva y un poder médico para poder mostrarlo cuando sea necesario.

5. ¿Tiene un poder notarial? Es aconsejable hacerlo, ya que si alguna vez queda incapacitado, este documento permitirá que su vida financiera continúe mientras usted está incapacitado.

Capítulo 5

Contratar ayuda profesional con prudencia

Imagínese que se encuentra en un laberinto en el que cada giro es más confuso que el anterior. Tiene un mapa, pero está escrito en un idioma que le resulta extraño. Así es como muchos experimentan la planificación patrimonial sin orientación profesional. La complejidad de la jerga jurídica y los matices de la ley pueden abrumar incluso al planificador más diligente. Sin embargo, no tiene por qué emprender este viaje solo. Contratar a los profesionales adecuados puede transformar este laberinto en un camino sencillo, garantizando que su plan sucesorio no sea solo una colección de documentos, sino una base sólida para su legado.

5.1 Cuándo Consultar a un Abogado: Conozca Sus Límites

Hay momentos clave en los que resulta esencial buscar asesoramiento jurídico para proteger sus intereses y garantizar que su plan sucesorio resista el escrutinio. Las dinámicas familiares complejas, por ejemplo, suelen requerir la claridad y precisión que solo un abogado experimentado puede aportar. Piense en una familia mixta en la que los hijastros y los hijos biológicos tienen expectativas y derechos diferentes. Navegar por estos entresijos sin la orientación de un experto puede dar lugar a exclusiones o conflictos involuntarios. Un abogado puede ayudarle a articular sus deseos de forma clara y legal, adaptándose a la estructura única de su familia. Además, los cambios significativos en las leyes estatales o federales sobre el patrimonio pueden alterar el panorama de su planificación. Las leyes evolucionan, a menudo con poca fanfarria pública, pero su impacto puede ser profundo. Los profesionales del derecho se mantienen al corriente de estos cambios, garantizando que su plan sucesorio siga cumpliendo las normas y sea eficaz.

Aunque el atractivo de la planificación patrimonial "hágalo usted mismo", con su promesa de ahorrar tiempo y dinero, puede ser tentador, los riesgos son considerables. Pasar por alto requisitos legales fundamentales es una trampa habitual. Un plan que parece minucioso para el ojo inexperto puede no cumplir las normas legales esenciales, dejando su patrimonio vulnerable a disputas o malas interpretaciones. Crear involuntariamente documentos legalmente inválidos es un riesgo que no merece la pena correr. Un testamento o fideicomiso que no cumpla con la legalidad específica de cada estado puede ser impugnado o, peor aún, declarado nulo. Esto puede dar lugar a que su patrimonio se distribuya de acuerdo con las leyes por defecto, que podrían no reflejar sus deseos. El potencial de error en los enfoques DIY es alto, con consecuencias que podrían afectar significativamente a sus herederos.

Las ventajas del asesoramiento jurídico van más allá del mero cumplimiento. Los abogados adaptan los documentos a contextos jurídicos específicos, garantizando que cada detalle se ajuste a sus intenciones y a la ley. Esta personalización tiene un valor incalculable, ya que tiene en cuenta variables que las plantillas genéricas no pueden. La validación profesional también aporta tranquilidad. Saber que su plan de sucesión ha sido meticulosamente revisado por un experto le ofrece la tranquilidad de que su legado está seguro. Los profesionales del Derecho pueden simplificar el proceso, desmitificando términos jurídicos complejos y guiándome en sus decisiones con claridad y confianza.

Consideremos la historia de una familia que se enfrentaba a un complejo problema sucesorio. Con múltiples propiedades en distintos estados y un historial de dinámicas familiares mixtas, el potencial de conflicto era alto. Al contratar a un abogado experto en sucesiones, sortearon estas complejidades sin problemas. El abogado aclaró los derechos de sucesión y estructuró el plan sucesorio para reflejar las diversas necesidades de la familia, evitando disputas antes de que pudieran surgir. En otro caso, una pareja buscó asesoramiento jurídico para revisar su plan sucesorio tras un importante cambio legislativo. Lo que a ellos les pareció un ajuste menor tuvo profundas implicaciones, y la oportuna intervención del abogado evitó costosos procedimientos sucesorios. Estas historias ponen de relieve el papel transformador de los profesionales del Derecho en la elaboración de planes sucesorios resistentes.

Sección de Reflexión

Reflexione sobre su actual plan de sucesión, si lo tiene. ¿Hay áreas en las que se siente inseguro o abrumado? Considere si cambios recientes en su vida o dinámicas familiares complejas pueden requerir asesoramiento legal. Utilice esta sección para anotar cualquier pregunta o preocupación que tenga sobre el resultado deseado de su plan de sucesión. Esta reflexión puede servir como punto de partida cuando consulte a un profesional del derecho para asegurarse de que su plan es sólido y se ajusta a sus intenciones.

5.2 Entrevistar a Abogados: Formular Las Preguntas Adecuadas

Embarcarse en el proceso de planificación patrimonial es como crear una obra maestra: cada decisión es una pincelada deliberada. La elección del abogado adecuado para guiarle es crucial, y la preparación de su entrevista con posibles abogados puede sentar las bases para una colaboración fructífera. Empiece por considerar los matices específicos de su situación. ¿Tiene el abogado experiencia en casos similares al suyo? Tanto si se enfrenta a las complejidades de una familia ensamblada como a la gestión de una empresa, su familiaridad con este tipo de situaciones puede ser inestimable. A continuación, asegúrese de que conoce a fondo las leyes patrimoniales específicas de cada estado. Estas leyes pueden variar significativamente, y un abogado bien versado en las regulaciones de su estado puede ayudar a evitar errores costosos.

La compatibilidad con su asesor jurídico no es solo una ventaja; es una necesidad. Una relación cómoda y de confianza constituye la columna vertebral de una colaboración eficaz. Preste atención a su estilo de comunicación y capacidad de respuesta. ¿Son pacientes y claros en sus explicaciones, o se siente usted apresurado y confuso? Su abogado debe alinearse con sus valores y objetivos personales, comprendiendo no solo su situación financiera, sino también los principios que guían sus decisiones. Esta sintonía fomenta una relación productiva en la que usted se siente escuchado y respetado, lo que le permite planificar su patrimonio con confianza y claridad.

Las señales de alarma pueden indicar que un abogado no es el más adecuado para usted, y reconocerlas a tiempo puede ahorrarle tiempo y recursos. Desconfíe de los que no son transparentes en cuanto a los honorarios. Un buen abogado ofrecerá claridad sobre su estructura de precios, ya se trate de tarifas por hora, honorarios fijos o acuerdos de retención. La ambigüedad en este ámbito puede generar costes inesperados. Evalúe también su capacidad para dar explicaciones claras. Si tienen dificultades para explicarle términos jurídicos complejos de forma que tengan sentido para usted, pueden dificultar su comprensión y participación en su propio proceso de planificación. Esta falta de claridad puede provocar falta de comunicación e insatisfacción.

Se pueden encontrar numerosas historias que destacan el impacto de hacer las preguntas adecuadas durante las entrevistas con los abogados. Pensemos en un cliente que, durante una consulta inicial, descubrió los conocimientos ocultos de su abogado en materia de fiscalidad del patrimonio. Este conocimiento inesperado resultó inestimable, ya que le permitió optimizar considerablemente su plan de sucesión, minimizando las obligaciones fiscales. Esta revelación únicamente se produjo porque el cliente dedicó tiempo a profundizar en la experiencia del abogado en cuestiones fiscales específicas. Otra historia se refiere a un cliente que construyó una sólida base de confianza a través de conversaciones abiertas y honestas con su abogado. Al abordar sus preocupaciones con franqueza y buscar un abogado receptivo y empático, establecieron una relación que se parecía más a una asociación que a una transacción. Esta relación les permitió navegar por el proceso de planificación patrimonial con facilidad y seguridad, sabiendo que contaban con un defensor que comprendía realmente sus necesidades.

Estos relatos subrayan la importancia de una preparación minuciosa y un diálogo abierto al entrevistar a posibles abogados. Si aborda estas conversaciones con un conocimiento claro de sus necesidades y expectativas, podrá identificar a los profesionales más adecuados para guiarle en el proceso de planificación patrimonial.

5.3 Entender el Coste de Los Servicios Profesionales

Navegar por los costes asociados a la planificación patrimonial puede parecer como caminar por un laberinto financiero, especialmente cuando se trata de dar sentido a las distintas estructuras de honorarios. Normalmente, encontrará tres métodos principales de facturación: tarifas por hora, honorarios fijos y retenedores.

Las tarifas por hora son sencillas: se cobra por cada hora que el abogado dedica a su caso. Esto puede ser imprevisible, ya que los asuntos complejos pueden requerir más tiempo del previsto. Asegúrese de pedir una estimación de cuántas horas cree que necesitará para tener una idea de cuál puede ser el coste total. Por otro lado, las tarifas planas ofrecen un precio fijo por servicios específicos, como la redacción de un testamento o la creación de un fideicomiso. Esto puede proporcionarle tranquilidad, sabiendo exactamente lo que pagará por adelantado. Los retenedores funcionan como pagos por adelantado, asegurando los servicios de un abogado al reservar un bloque de su tiempo, mientras que deducen honorarios a su tarifa horaria del retenedor a medida que avanza el trabajo. Comprender estas estructuras le ayudará a presupuestar en consecuencia y a elegir un plan que se ajuste a su situación financiera.

Controlar los gastos jurídicos no significa sacrificar la calidad. Agrupar servicios es una forma eficaz de gestionar los costes. Si agrupa servicios relacionados, como planificación patrimonial y asesoramiento fiscal, puede negociar un descuento que haga más asequible una planificación compleja. Considere también la posibilidad de agrupar los poderes notariales y las directrices sanitarias. Además, pedir presupuestos a varias empresas puede ayudarle a comparar precios y servicios. No dude en pedir presupuestos detallados y preguntar por cualquier coste adicional que pueda surgir. Esta transparencia le permitirá tomar decisiones con conocimiento de causa, asegurándose de obtener el mejor valor por su inversión. Recuerde que, aunque ahorrar dinero es importante, no debe ir en detrimento de la calidad o la minuciosidad de su planificación patrimonial. Un plan bien ejecutado puede ahorrar cantidades significativas a largo plazo, evitando costosas disputas legales o errores.

Al considerar los servicios jurídicos, es fundamental sopesar el valor del servicio por encima del mero coste. Una asistencia jurídica de calidad garantiza que su plan sucesorio no solo sea jurídicamente sólido, sino que también se adapte a sus necesidades específicas. Este enfoque a medida puede evitar futuras complicaciones y proporcionar beneficios a largo plazo. Una planificación exhaustiva aborda tanto las necesidades inmediatas como las contingencias futuras, ofreciéndole la tranquilidad de que sus asuntos están en orden. El valor de estos servicios se hace especialmente evidente en las sucesiones complejas, en las que la experiencia y la previsión de un abogado experto pueden salvaguardar sus intereses y aumentar la longevidad de su legado.

De vez en cuando se oye hablar de familias que han conseguido una ayuda jurídica asequible pero eficaz. Por ejemplo, una familia que recurrió a una organización de asistencia jurídica para elaborar su plan de sucesión.

A pesar de sus modestos medios, recibieron la orientación de expertos, que se aseguraron de que sus deseos quedarán documentados y fueran legalmente vinculantes. Este enfoque proactivo les salvó de posibles escollos y aportó claridad a sus herederos. En otro caso, una pareja optó por una planificación temprana y proactiva, que les permitió distribuir los costes a lo largo del tiempo. Al iniciar la planificación con antelación, evitaron las prisas de última hora, redujeron la probabilidad de errores y se aseguraron de que su plan era completo y estaba actualizado. Estas historias ponen de relieve que una planificación patrimonial eficaz no tiene por qué ser costosa; con una cuidadosa reflexión y decisiones estratégicas, puede proteger su legado sin gastar de más. Sé que algunos de estos honorarios suponen mucho dinero, pero se trata de un ejercicio único que hay que hacer y hacerlo bien. No se retrase por el coste, considere que es una inversión que merece la pena para poner en orden su patrimonio.

5.4 Colaboración Con Asesores Financieros Para la Planificación Patrimonial

Imagínese que intenta armar un rompecabezas sin saber qué aspecto tiene la imagen final. La planificación patrimonial puede ser así, sobre todo cuando se trata de comprender el panorama financiero. Aquí es donde entran en juego los asesores financieros, que ofrecen una orientación inestimable a la hora de gestionar y aumentar sus activos, al tiempo que garantizan que su plan de sucesión esté en consonancia con sus objetivos financieros. Su papel va más allá del simple asesoramiento; ayudan a elaborar una estrategia que integre la gestión de activos y las estrategias de inversión con la planificación y optimización fiscal. Al equilibrar cuidadosamente estos elementos, garantizan que su plan sucesorio no solo refleje sus deseos, sino que también maximice la salud financiera de su legado.

Las ventajas de integrar el asesoramiento financiero en su proceso de planificación patrimonial son múltiples. Un asesor financiero proporciona una visión holística de su salud financiera, permitiéndole ver el panorama general y cómo encaja cada pieza. Esta perspectiva es crucial a la hora de coordinar los aspectos jurídicos y financieros de su plan sucesorio.

Al trabajar en tándem con su abogado, un asesor financiero se asegura de que sus activos se estructuren de forma que apoyen sus objetivos generales, ya sea minimizando las obligaciones fiscales o garantizando que sus herederos reciban una pensión acorde con sus valores. Esta colaboración aumenta la coherencia y eficacia de su plan sucesorio, garantizando que nada quede al azar.

Elegir al asesor financiero adecuado es una decisión que requiere una cuidadosa consideración. Busque a alguien con las credenciales y certificaciones adecuadas, como la designación de Planificador Financiero Certificado (CFP), que indica un nivel de experiencia y profesionalidad. La experiencia en planificación patrimonial y de la jubilación también es crucial, ya que estos asesores tendrán un conocimiento más profundo de los retos y oportunidades únicos que surgen en estas áreas. Es importante encontrar un asesor que no sólo tenga conocimientos técnicos, sino también la capacidad de comunicarse eficazmente y de comprender sus objetivos personales. Esta alineación garantiza que el asesoramiento que le proporcionen se corresponda con su visión y sus prioridades.

Considere las historias de familias que han colaborado con éxito con asesores financieros para mejorar sus planes de sucesión. Una familia aumentó significativamente su herencia mediante inversiones inteligentes guiadas por su asesor. Mediante la reasignación estratégica de activos y la diversificación de su cartera, pudieron aumentar su patrimonio, garantizando un legado más sustancial para las generaciones futuras. En otro caso, una familia se enfrenta a enormes cargas fiscales debido a la complejidad de su patrimonio. Con la ayuda de su asesor financiero, aplicaron medidas estratégicas de planificación fiscal que redujeron sus obligaciones, permitiéndole preservar una mayor parte de su patrimonio para sus herederos. Estos ejemplos ponen de relieve el potencial transformador de una planificación financiera meditada, e ilustran cómo la orientación adecuada puede mejorar y proteger su patrimonio.

5.5 El Papel de los Albaceas: Seleccionarlos y Orientarlos

Cuando se trata de planificar la sucesión, la elección de un albacea es una de las decisiones más cruciales a las que tendrá que enfrentarse. Los albaceas son la pieza clave en el proceso de administración de la herencia, con una serie de responsabilidades que garantizan que sus deseos se cumplan con precisión. Sus funciones incluyen la gestión de la administración de la herencia, lo que implica inventariar los bienes, notificar a los acreedores y hacer frente a las deudas pendientes. Los albaceas también supervisan la compleja tarea de la distribución de bienes, asegurándose de que sus beneficiarios reciban sus herencias según lo especificado en su testamento. Esta función requiere una meticulosa atención al detalle y un firme compromiso de cumplir sus intenciones.

La selección de la persona adecuada para este papel fundamental requiere una cuidadosa reflexión. La honradez y la integridad son primordiales, ya que el albacea tendrá acceso a información financiera delicada y deberá actuar en interés de la herencia y sus beneficiarios. La capacidad de manejar la presión y los conflictos es igualmente importante. Los albaceas suelen enfrentarse a situaciones difíciles, como disputas entre herederos u obstáculos financieros inesperados. Opte por alguien que pueda mantener la calma y la compostura en situaciones de estrés, mediando eficazmente en los conflictos con diplomacia y equidad. Tenga en cuenta su capacidad de organización y su perspicacia financiera, ya que estos atributos le ayudarán a desenvolverse en él a menudo complejo panorama de la administración de herencias.

Una vez elegido, es fundamental preparar al albacea para su función. Proporcionar instrucciones detalladas y acceso a los documentos necesarios es un paso fundamental. Esto incluye su testamento, cualquier fideicomiso y los registros financieros pertinentes. Hablar de antemano sobre las expectativas y los posibles retos puede ayudar al albacea a anticiparse a los problemas y diseñar estrategias para resolverlos. La comunicación abierta es clave. Asegúrese de que su albacea comprende sus valores y objetivos, que guiarán sus decisiones en situaciones ambiguas. Esta preparación no solo les dota de las herramientas que necesitan, sino que también les asegura que cuentan con toda su confianza.

Consideremos el ejemplo de un albacea que gestionó con éxito un patrimonio con múltiples propiedades e inversiones variadas. Al mantener una comunicación clara con los beneficiarios y proporcionarles actualizaciones periódicas, se aseguró de que la distribución de los activos se realizara sin contratiempos, minimizando los malentendidos y fomentando la confianza.

En otro caso, un albacea logró evitar conflictos familiares mediando en las discusiones entre hermanos con expectativas diferentes. Al remitirse a las instrucciones detalladas del difunto, pudieron mantener los deseos de este y abordar al mismo tiempo las preocupaciones de cada heredero con empatía y transparencia. Estas historias ponen de relieve el profundo impacto de un albacea bien preparado, e ilustran cómo una selección y orientación meditadas pueden preservar la armonía familiar y garantizar que la sucesión se administre sin contratiempos.

5.6 Planificación de la Incapacidad: Poderes y Más

Imagínese que un día se despierta sin poder tomar decisiones por sí mismo. Es un pensamiento aleccionador, pero pone de relieve la importancia crítica de planificar una posible incapacidad. Esta preparación garantiza la continuidad de sus asuntos personales y financieros, reduciendo el estrés de los miembros de la familia que, de otro modo, podrían tener que hacer frente a responsabilidades inesperadas. Sin un plan, los seres queridos tienen que adivinar sus deseos, lo que a menudo provoca tensiones innecesarias y obstáculos legales. Si aborda estas cuestiones con antelación, aportará claridad y orientación, lo que facilitará la gestión de sus asuntos en caso de que no pueda tomar decisiones por sí mismo.

Un elemento clave en la planificación de la incapacidad es el poder notarial. Este documento legal otorga a una persona de confianza la autoridad para gestionar sus asuntos, garantizando que alguien pueda actuar en su nombre cuando usted no pueda hacerlo. Un poder notarial duradero es especialmente útil para las decisiones financieras. Permite a la persona designada manejar cuentas bancarias, pagar facturas y gestionar inversiones, proporcionando estabilidad financiera incluso en su ausencia. Igualmente importante es el poder sanitario, que designa a alguien para que tome decisiones médicas por usted. Esta persona se asegurará de que se respeten y sigan sus preferencias sanitarias, tomando decisiones críticas si usted no puede comunicar sus deseos.

Para preparar exhaustivamente para la incapacidad, considere la posibilidad de aplicar varias estrategias. Crear un poder notarial para la atención sanitaria es una forma eficaz de describir detalladamente sus preferencias médicas. Este documento especifica los tipos de tratamientos médicos que desea o no desea, como la reanimación o el soporte vital, proporcionando una orientación clara a su apoderado sanitario y al equipo médico. Designar apoderados para la atención sanitaria es otro paso esencial, ya que implica seleccionar a personas de confianza que defenderán sus deseos médicos. Su función es garantizar que sus decisiones sanitarias se ajusten a sus valores, ofreciéndole la tranquilidad de que recibirá los cuidados que desea, aunque no pueda expresarlos por sí mismo.

Veamos el ejemplo de una mujer que planificó cuidadosamente su incapacidad. Nombró a su hermana apoderada para asuntos financieros y a su mejor amiga apoderada para asuntos sanitarios. Cuando una enfermedad repentina la dejó incapacitada para tomar decisiones, ambas personas intervinieron sin problemas, gestionando sus asuntos de acuerdo con sus deseos. Sus finanzas se mantuvieron estables y su atención médica se administró exactamente como ella había especificado en su poder para la atención sanitaria. Esta previsión no solo garantizó que se cumplieran sus deseos, sino que también alivió a su familia de la carga de tomar decisiones difíciles en un momento estresante.

En otro caso, un hombre que sufrió un derrame cerebral debilitante tuvo la previsión de disponer de un poder notarial. Su hijo, designado para ocuparse de los asuntos financieros, pudo acceder inmediatamente a las cuentas bancarias y pagar las facturas, evitando así trastornos económicos. Mientras tanto, su hija, que actuaba como su apoderada sanitaria, se aseguró de que su tratamiento médico siguiera las instrucciones establecidas en su poder notarial sanitario. Este acuerdo permitió a la familia centrarse en su recuperación, en lugar de verse inmersa en cuestiones administrativas, lo que ilustra el profundo impacto de una planificación eficaz de la incapacidad.

Estas historias ponen de relieve la importancia de contar con poderes notariales y poderes para la atención sanitaria. Esta planificación no únicamente proporciona una vía clara para gestionar sus asuntos, sino que también ofrece la seguridad de que se respetarán sus deseos. Cuando piense en su propio plan, reflexione sobre en quién confía para tomar decisiones en su nombre y asegúrese de que entienden sus preferencias. Con estas herramientas, puede afrontar el futuro con confianza, sabiendo que tanto sus asuntos personales como financieros están seguros, incluso ante retos inesperados.

5.7 Crear un Equipo de Apoyo Fiable: Sus Aliados en la Planificación Patrimonial

Imagine orquestar una sinfonía compleja sin un director. Cada sección desempeña su papel, pero sin guía, la armonía es difícil de alcanzar. En la planificación patrimonial, el director de orquesta es su equipo de apoyo, que guía el proceso para garantizar que cada componente funcione en concierto con los demás. Un equipo completo de profesionales reúne diversos conocimientos y perspectivas, abordando sus necesidades jurídicas, financieras y personales de forma integral. Esta diversidad da lugar a estrategias sólidas, ya que cada profesional aporta ideas únicas que pueden mejorar y perfeccionar su plan de sucesión. Los abogados garantizan el cumplimiento de la legalidad y la precisión, mientras que los asesores financieros gestionan y hacen crecer su patrimonio. Los contables y planificadores financieros pueden navegar por las complejidades de las implicaciones fiscales, garantizando que el valor de su patrimonio se preserve para sus herederos. Los responsables de fideicomisos y los especialistas fiscales añaden otro nivel de experiencia, asesorando sobre la gestión de fideicomisos y la optimización fiscal. Juntos, estos profesionales forman una unidad cohesionada, cada uno de los cuales desempeña un papel vital en la elaboración de un plan sucesorio que refleje sus deseos y proteja su legado.

La coordinación entre los miembros del equipo es crucial para una planificación patrimonial eficaz. Las reuniones y actualizaciones periódicas facilitan la comunicación, lo que permite a cada profesional mantenerse informado sobre los cambios y la evolución de su patrimonio. Este diálogo continuo garantiza que todos estén alineados con sus objetivos y puedan colaborar eficazmente. Una clara división de responsabilidades también es esencial, ya que evita solapamientos y garantiza que cada miembro se centre en su área de especialización. Al definir las funciones y expectativas desde el principio, se crea un proceso ágil en el que cada uno conoce su papel, lo que reduce la probabilidad de errores o falta de comunicación. Esta claridad es especialmente importante en las sucesiones complejas, donde hay mucho en juego y el margen de error es pequeño. Al fomentar un entorno de colaboración, su equipo podrá trabajar conjuntamente, aprovechando sus conocimientos y habilidades colectivos para crear un plan sucesorio completo y personal.

El éxito de la colaboración en equipo puede dar lugar a resultados notables, como demuestran numerosos ejemplos del mundo real. Pensemos en una familia con un patrimonio polifacético, que abarca diversos bienes e intereses empresariales. Reuniendo a un equipo de profesionales de confianza, ejecutaron un complejo plan sucesorio a la perfección. Cada miembro del equipo aportó su experiencia, desde la estructuración jurídica hasta la gestión financiera, garantizando que el patrimonio se administra sin problemas y con eficacia. El resultado fue un plan que no sólo satisfacía las necesidades inmediatas de la familia, sino que también la preparaba para el éxito futuro. En otro caso, un equipo de profesionales colaboró en una tormenta de ideas para resolver un problema específico del plan sucesorio. Su enfoque innovador condujo a una estrategia innovadora que optimizó la distribución de activos y minimizó las obligaciones fiscales, mostrando el poder de diversas perspectivas trabajando al unísono.

Estas historias ponen de relieve el potencial transformador de un equipo de apoyo cohesionado en la planificación patrimonial. Al reunir a profesionales con conocimientos complementarios y fomentar un entorno de colaboración, puede crear un plan de sucesión que sea resistente y responda a sus necesidades. Esta sinergia no solamente aumenta la eficacia de su plan, sino que también le proporciona la tranquilidad de saber que su legado está en buenas manos. Al plantearse su planificación patrimonial, reflexione sobre la importancia de crear un equipo de apoyo fiable y el valor que puede aportar a su plan. Con el equipo adecuado, puede navegar por las complejidades de la planificación patrimonial con confianza, sabiendo que cuenta con el apoyo y la orientación necesarios para proteger su legado para las generaciones venideras.

En este capítulo, hemos explorado la importancia de reunir un equipo diverso de profesionales para guiar su planificación patrimonial. Al centrarse en la coordinación y la colaboración, se asegura de que cada faceta de su plan está meticulosamente elaborada y alineada con sus objetivos. Al pasar al siguiente capítulo, considere cómo pueden aplicarse estos principios a otros aspectos de su proceso de planificación patrimonial.

No pases al siguiente capítulo sin hacer lo siguiente;

1. Elabore una lista de preguntas que le gustaría hacer a su abogado especializado en sucesiones. No olvide que las preguntas tontas no existen.

2. ¿Tiene un abogado en mente? Pida recomendaciones a amigos, familiares o colegas. Visite www.bestlawyers.com y busque una recomendación en la sección de fideicomisos y sucesiones de su estado.

3. Reúnese con 2 o 3 abogados y vea con quién tiene buena relación y quién cree que hará un buen trabajo. No sienta la necesidad de decir que sí en el acto, hágales saber que volverá a hablar con ellos y que lo discutirá con su cónyuge y consultará con la almohada la decisión durante la noche.

4. Elija un abogado y redacte, como mínimo, un fideicomiso/testamento, un poder notarial, un poder sanitario y una directiva sanitaria.

5. ¿Puede su abogado ocuparse de las implicaciones fiscales de su herencia? Si no, busque un planificador financiero certificado en www.letsmakeapl an.org, donde puede buscar a alguien en su estado.

Capítulo 6

Consideraciones Especiales y Estrategias Avanzadas

Imagine poder extender sus valores y su impacto mucho más allá de su vida, dejando un legado duradero que refleje no solo su éxito financiero, sino también sus creencias y aspiraciones personales. Si incluye las donaciones benéficas en su planificación patrimonial, podrá conseguir esto y mucho más. Las contribuciones benéficas no únicamente proporcionan una profunda satisfacción y la oportunidad de apoyar causas cercanas a su corazón, sino que también ofrecen importantes beneficios fiscales que pueden mejorar la eficiencia de su patrimonio. Este capítulo explora cómo la filantropía puede convertirse en la piedra angular de su plan sucesorio, garantizando que su patrimonio siga marcando la diferencia mucho después de que usted se haya ido.

6.1 Donaciones Benéficas y Planificación Patrimonial: Crear un Legado

Las donaciones benéficas pueden desempeñar un papel fundamental en la planificación de su patrimonio, alineando sus decisiones financieras con sus valores personales y ofreciéndole importantes ventajas fiscales. Al incorporar las donaciones benéficas a su estrategia patrimonial, puede reducir la parte imponible de su patrimonio y, potencialmente, su obligación tributaria en el impuesto sobre la renta. Uno de los instrumentos más eficaces para alcanzar estos objetivos es el fideicomiso benéfico. Este fideicomiso irrevocable le permite donar activos a una organización benéfica a la vez que recibe ingresos anuales derivados de esos activos. El fideicomiso le paga ingresos a usted o a otros beneficiarios durante un plazo de hasta 20 años o durante la vida de los beneficiarios, tras lo cual los activos restantes se destinan a una organización benéfica designada. Esto no solamente proporciona un flujo de ingresos predecible, sino que también aplaza los impuestos sobre las ventas de activos y le da derecho a una deducción benéfica parcial basada en el valor del interés caritativo restante. Otra opción atractiva es la creación de fondos asesorados por donantes, que le permiten hacer una contribución benéfica, recibir una deducción fiscal inmediata y, a continuación, recomendar subvenciones del fondo a sus organizaciones benéficas favoritas a lo largo del tiempo.

Existen varios métodos para integrar la filantropía en su plan sucesorio, cada uno de ellos adaptado a diferentes objetivos y niveles de implicación. Las donaciones directas a organizaciones benéficas con cargo a su patrimonio pueden ser un método sencillo, que permite transferir cantidades o activos específicos a organizaciones benéficas en el momento de su fallecimiento. Este método puede reducir los impuestos sobre el patrimonio, ya que estas donaciones se deducen de la base imponible. Por otro lado, la creación de una fundación familiar privada puede proporcionar un enfoque más estructurado, ofreciendo a su familia la oportunidad de participar activamente en esfuerzos filantrópicos. Las fundaciones familiares pueden apoyar una amplia gama de iniciativas, desde la educación y la sanidad hasta el desarrollo comunitario, fomentando una cultura de donación que puede transmitirse de generación en generación. Este enfoque no solo garantiza la realización de actividades benéficas específicas, sino que también implica a los miembros de la familia en los procesos de toma de decisiones, reforzando los lazos familiares a través de valores y objetivos compartidos.

Las ventajas fiscales de las donaciones benéficas son importantes y polifacéticas. Las donaciones benéficas pueden proporcionar deducciones en el impuesto sobre la renta, reduciendo su renta imponible y situándose potencialmente en un tramo impositivo más bajo. Además, los legados benéficos pueden dar lugar a reducciones del impuesto de sucesiones, ya que el valor de la donación se deduce del patrimonio imponible. Esto puede ser especialmente ventajoso para las personas con grandes patrimonios, para quienes los impuestos sobre el patrimonio representan una carga sustancial. Al planificar estratégicamente las contribuciones benéficas, puede mejorar la eficacia de su plan sucesorio, maximizando el valor de su legado y apoyando al mismo tiempo las causas que le interesan.

Pensemos en la historia de una familia que creó una fundación para ayudar a los jóvenes desfavorecidos de su comunidad. A través de la fundación, no solo proporcionaron becas y recursos educativos, sino que también inspiraron a otros miembros de la comunidad a contribuir, amplificando su impacto. Esta iniciativa reflejó su compromiso con la educación y la igualdad, y también unió más a su familia, ya que trabajaron colectivamente para lograr un objetivo común. En otro ejemplo, una persona utilizó un fideicomiso benéfico para asegurarse unos ingresos vitalicios al tiempo que planificaba una donación sustancial a un hospital local, garantizando así el apoyo continuado a los servicios sanitarios de su zona. Estos relatos ilustran cómo una planificación benéfica bien pensada puede crear legados duraderos que van mucho más allá de las contribuciones financieras, tocando vidas y fomentando cambios positivos.

Asegúrese de comunicárselo a sus herederos, no vaya a ser que piensen que van a heredar todo su patrimonio y luego descubren que va a regalar parte de él. Es su patrimonio y su elección, pero una comunicación abierta puede garantizar que esto no sea un problema.

Sección de Reflexión

Reflexione sobre las causas y organizaciones que más le interesan. Piense en cómo integrar las donaciones benéficas en su plan de sucesión podría alinearse con sus valores y crear un legado significativo. Anote algunas ideas y piense en el impacto que le gustaría tener, tanto ahora como en el futuro. Este ejercicio puede ayudarle a clarificar sus objetivos filantrópicos y a identificar las mejores estrategias para incorporarlos a su planificación patrimonial.

6.2 Aprovechamiento de los Paraísos Fiscales: Consideraciones Jurídicas

Imagine el concepto de paraíso fiscal como un refugio financiero donde su patrimonio puede respirar un poco más tranquilo. Básicamente, los paraísos fiscales son jurisdicciones que ofrecen condiciones fiscales favorables, lo que atrae a particulares y empresas a colocar allí sus activos. Estos paraísos suelen ofrecer tipos impositivos bajos o nulos sobre determinados tipos de ingresos o ganancias de capital, lo que puede reducir significativamente la carga fiscal de su patrimonio. Las cuentas y fideicomisos extraterritoriales son instrumentos comunes utilizados en estas jurisdicciones para gestionar y proteger el patrimonio. Establecer un fideicomiso en un paraíso fiscal puede ayudar a garantizar que una mayor parte de su patrimonio se preserve para sus herederos, en lugar de ser consumido por los impuestos.

Sin embargo, el atractivo del ahorro fiscal va acompañado de la necesidad de navegar por un panorama jurídico complejo. Cumplir las leyes fiscales internacionales es primordial para evitar cruzar la línea que separa la elusión fiscal legal de la evasión fiscal ilegal. Es crucial mantener la transparencia y la integridad en todas las operaciones financieras, garantizando el cumplimiento tanto de las leyes del paraíso fiscal como de las de su país de origen. Esto significa ser meticuloso con la documentación, declarar todos los ingresos con exactitud y evitar cualquier actividad que pueda percibirse como engañosa o fraudulenta. Las consideraciones éticas son igualmente importantes, ya que el uso de paraísos fiscales suele ser objeto de escrutinio por posibles abusos. Mantener unas normas éticas no solo protege su situación legal, sino que también mantiene su reputación.

Incorporar los paraísos fiscales a su plan sucesorio requiere un enfoque estratégico. Los fideicomisos de protección de activos offshore pueden establecerse para proteger los activos de acreedores y reclamaciones legales, al tiempo que se benefician de las ventajas fiscales de la jurisdicción anfitriona. Estos fideicomisos son especialmente útiles para proteger los activos de posibles litigios o riesgos empresariales. Otro método consiste en utilizar sociedades mercantiles internacionales para mantener y gestionar los activos. Esta estructura puede proporcionar flexibilidad operativa y eficiencia fiscal, especialmente para quienes tienen intereses empresariales en varios países. Sin embargo, es esencial trabajar con expertos jurídicos y financieros especializados en derecho fiscal internacional para asegurarse de que sus estrategias son eficaces y cumplen la normativa. Para la mayoría de nosotros, este tipo de planificación compleja no será de interés, pero para quienes puedan tener una base patrimonial compleja, esta puede ser una de las preguntas de su entrevista con el abogado.

Consideremos el caso de una sucesión que aprovechó con éxito los fideicomisos con sede en Suiza para preservar su patrimonio. La reputación de Suiza en materia de privacidad financiera y su legislación fiscal favorable la convirtieron en el lugar ideal para establecer fideicomisos que protegieran el valor del patrimonio. Mediante una estructuración cuidadosa de los fideicomisos y el cumplimiento de la normativa suiza, el patrimonio consiguió proteger sus activos de una tributación excesiva, lo que benefició considerablemente a los beneficiarios. En otro caso, un particular utilizó cuentas en las Islas Caimán para reducir sus obligaciones fiscales. Las Islas Caimán, conocidas por sus políticas fiscales favorables a las empresas, ofrecían el entorno perfecto para gestionar las inversiones sin la pesada carga de los impuestos. Estos ejemplos ilustran cómo, con una planificación cuidadosa y el cumplimiento de las normas legales, los paraísos fiscales pueden ser un componente valioso de un plan sucesorio, ofreciendo tanto protección como eficacia.

6.3 Navegar por Patrimonios Internacionales: Planificación Transfronteriza

A medida que nuestro mundo está cada vez más interconectado, las complejidades de gestionar un patrimonio que abarca varios países son más comunes que nunca. Muchas familias se ven en la tesitura de tener que equilibrar bienes y herederos en distintos entornos jurídicos. Cada país tiene sus propios sistemas jurídicos y códigos fiscales, lo que puede crear un laberinto de normativas por las que hay que navegar con cuidado. Por ejemplo, un activo situado en un país puede estar sujeto a obligaciones fiscales totalmente distintas de las de un activo nacional. Además, la fluctuación de los tipos de cambio añade otro nivel de complejidad, que afecta al valor de los activos y crea posibles incertidumbres financieras. Esto puede hacer que la planificación de un patrimonio internacional resulte difícil y complicada, ya que hay que tener en cuenta las posibles fluctuaciones inmediatas y a largo plazo del valor de los activos.

Gestionar con éxito un patrimonio internacional requiere un planteamiento estratégico que prevea estos retos. Un método eficaz es aprovechar los tratados bilaterales y los acuerdos internacionales que pueden simplificar las obligaciones fiscales y aclarar los requisitos legales. Estos tratados suelen ofrecer mecanismos para evitar la doble imposición, garantizando que su patrimonio no sea gravado por los dos países implicados. Otra estrategia es la creación de testamentos duales, que permiten que testamentos separados rijan bienes situados en distintas jurisdicciones. Este enfoque puede agilizar el proceso legal, garantizando que sus deseos se respeten en cada país sin interpretaciones legales contradictorias. Estos testamentos deben redactarse cuidadosamente para evitar contradicciones y garantizar que cada uno se ajuste a los requisitos legales de las respectivas jurisdicciones.

Las complejidades de la planificación patrimonial internacional ponen de relieve el papel vital de los profesionales experimentados. Contratar a un abogado especializado en derecho internacional es crucial, ya que puede navegar por los matices de la normativa transfronteriza y garantizar el cumplimiento de todos los códigos legales pertinentes. Estos expertos pueden iluminar las complejidades de las leyes jurisdiccionales, ayudando a mitigar los posibles conflictos y garantizar que su plan de sucesión se ejecute sin problemas. La colaboración con asesores financieros internacionales es igualmente importante, ya que pueden aportar información sobre la gestión de los riesgos cambiarios y la optimización de los aspectos financieros de su sucesión. Su experiencia puede ser inestimable a la hora de estructurar su sucesión para minimizar las obligaciones fiscales y proteger sus activos de enredos legales.

Consideremos la historia de una persona que sorteó con éxito las complejidades de una herencia que abarcaba Estados Unidos y varios países europeos. Esta persona empleó a un equipo de expertos jurídicos y asesores financieros internacionales para elaborar un plan que respetara las leyes de sucesión tanto de Estados Unidos como de la UE. Utilizando tratados bilaterales, pudieron evitar la doble imposición, preservando una mayor parte del patrimonio para los herederos. En otro caso, el propietario de una empresa con intereses en Asia y Europa gestionó operaciones globales a través de fideicomisos internacionales. Esto les permitió mantener el control y garantizar que el negocio siguiera prosperando más allá de las fronteras, protegiendo al mismo tiempo sus activos de posibles desafíos legales. Estos ejemplos ponen de relieve cómo la planificación estratégica y la experiencia profesional pueden convertir las complejidades de las sucesiones internacionales en empresas manejables.

6.4 Utilización del Seguro de Vida en la Planificación Patrimonial

El seguro de vida puede servir de piedra angular en la planificación del patrimonio, desempeñando un papel fundamental en la consecución de diversos objetivos que garanticen tanto la tranquilidad como la seguridad financiera. Una de las principales ventajas del seguro de vida es su capacidad para proporcionar liquidez para los impuestos sobre el patrimonio. Cuando una herencia está sujeta a impuestos, disponer de liquidez inmediata puede evitar la venta de activos valiosos que preferiría conservar dentro de la familia. El producto del seguro de vida, al estar generalmente libre de impuestos, puede cubrir estas obligaciones sin problemas, garantizando que sus herederos no tengan que cargar con la búsqueda de soluciones rápidas en circunstancias estresantes. Además, el seguro de vida puede garantizar el apoyo financiero a las personas dependientes, ofreciendo una red de seguridad que mantenga su nivel de vida. Esta seguridad es crucial para las familias con niños pequeños o para quienes dependen de un único ingreso, ya que proporciona estabilidad en tiempos inciertos.

Los distintos tipos de seguros de vida responden a diversas necesidades y estrategias financieras dentro de su plan de sucesión. El seguro de vida entera ofrece cobertura de por vida con un componente de ahorro, acumulando valor en efectivo con el tiempo, contra el que se puede pedir prestado en caso necesario. Esto lo convierte en una opción atractiva para quienes buscan acumular patrimonio de forma constante, al tiempo que se aseguran una protección continua. Por el contrario, el seguro de vida a plazo proporciona cobertura durante un período específico, normalmente a un coste inferior, lo que lo hace ideal para necesidades temporales como la protección hipotecaria o el apoyo a los hijos en la universidad. El seguro de vida universal destaca por su flexibilidad, ya que combina la cobertura permanente con el potencial de acumulación de riqueza. Este tipo le permite ajustar las primas y las prestaciones por fallecimiento a medida que evoluciona su situación financiera, ofreciéndole una herramienta dinámica que se adapta a sus necesidades cambiantes.

Maximizar los beneficios del seguro de vida requiere una planificación estratégica y el uso de tácticas avanzadas. Una de ellas es la creación de un fideicomiso irrevocable de seguro de vida (ILIT). Al colocar una póliza de seguro de vida dentro de un ILIT, se elimina el producto de la póliza de su patrimonio imponible, ahorrando potencialmente una cantidad significativa en impuestos sobre el patrimonio. Este fideicomiso no solo protege las prestaciones del seguro de los acreedores, sino que también garantiza que los beneficios se distribuyan de acuerdo con sus deseos específicos, ya sea para financiar la educación, apoyar a un cónyuge superviviente o igualar las herencias entre los herederos. La equiparación de herencias puede ser especialmente valiosa en familias compuestas o cuando algunos herederos reciben bienes tangibles, como una casa o un negocio familiar, mientras que otros pueden recibir bienes líquidos.

Consideremos la historia de una familia cuyo patriarca utilizó el seguro de vida para hacer frente a los impuestos sobre el patrimonio de forma eficaz. Al suscribir una póliza con una importante indemnización por fallecimiento y depositarla en un ILIT, se aseguró de que los impuestos de sucesión quedarán cubiertos sin liquidar propiedades familiares que tenían valor sentimental. El pago del seguro proporcionó la liquidez necesaria, preservando intacto el legado familiar. En otro caso, un padre soltero utilizó un seguro de vida para asegurar el futuro de sus hijos. La póliza se diseñó para proporcionar un sistema de apoyo financiero estructurado, garantizando que los hijos tuvieran los medios para la educación y la vida diaria, independientemente de circunstancias imprevistas. Esta previsión ofrecía la seguridad de que los hijos serían atendidos, manteniendo el estilo de vida y las oportunidades previstas por el progenitor.

Estos ejemplos ponen de relieve el uso estratégico del seguro de vida en la planificación patrimonial, mostrando cómo puede abordar tanto los retos financieros inmediatos como los objetivos a largo plazo. Al conocer los distintos tipos de pólizas disponibles y emplear estrategias como los ILIT, puede elaborar un plan que no únicamente cumpla sus obligaciones, sino que también respalde sus aspiraciones más amplias, garantizando la protección de su legado y el bienestar de su familia. Cuando se plantee incorporar un seguro de vida a su plan sucesorio, reflexione sobre sus necesidades específicas, su dinámica familiar y sus objetivos financieros para determinar el mejor camino a seguir.

6.5 Fideicomisos de Protección de Activos: Proteger su Patrimonio

Imagine una fortaleza alrededor de sus bienes más valiosos, protegiéndolos de amenazas imprevistas. Los fideicomisos de protección de activos son muy parecidos a esta fortaleza, ya que proporcionan una estructura jurídica que protege su patrimonio de acreedores y posibles reclamaciones legales. En esencia, estos fideicomisos están diseñados para garantizar que sus activos permanezcan bajo su control, libres del alcance de quienes podrían intentar reclamarlos. Al colocar sus activos en un fideicomiso de protección de activos, los protege de los depredadores financieros, permitiéndole administrarlos y distribuirlos como mejor le parezca. Esto no solo le ofrece tranquilidad, sino que también garantiza que sus recursos se conserven para las generaciones futuras, en consonancia con sus deseos.

Crear y gestionar un fideicomiso de protección de activos requiere una planificación cuidadosa y un enfoque estratégico. Seleccionar la jurisdicción adecuada es un primer paso crucial. Algunas regiones ofrecen entornos jurídicos más favorables para la protección de activos, como las Islas Cook o Nieves, conocidas por sus sólidas leyes sobre fideicomisos que favorecen a los fideicomitentes. Elegir la jurisdicción adecuada puede repercutir significativamente en la eficacia de su fideicomiso, ofreciendo una mayor protección frente a reclamaciones legales. Igualmente importante es el nombramiento de un fideicomisario de confianza que supervise las operaciones del fideicomiso. Esta persona o entidad debe poseer integridad y perspicacia financiera, ya que será responsable de gestionar los activos y ejecutar los términos del fideicomiso. Es fundamental establecer directrices claras y comunicar sus expectativas para garantizar que el fideicomisario actúe en consonancia con sus objetivos.

Las consideraciones y limitaciones legales desempeñan un papel fundamental en el establecimiento y mantenimiento de los fideicomisos de protección de activos. Comprender las leyes de transferencia fraudulenta es crucial, ya que impiden a las personas transferir activos a un fideicomiso con la intención de defraudar a los acreedores. Cualquier intento de ocultar activos frente a reclamaciones legítimas puede dar lugar a impugnaciones legales y a la posible invalidación del fideicomiso. Por lo tanto, es esencial mantener la transparencia con los requisitos legales, garantizando que todas las acciones cumplan con las leyes y reglamentos aplicables. Esta transparencia no solo mantiene la integridad del fideicomiso, sino que también le protege de repercusiones legales, preservando la eficacia del fideicomiso como escudo.

Consideremos la historia de un empresario que utilizó un fideicomiso de protección de activos para salvaguardar su patrimonio personal de posibles litigios. Enfrentado a una situación económica incierta, este individuo trató de proteger sus activos de los acreedores al tiempo que mantenía el control sobre su distribución. Al establecer el fideicomiso en una jurisdicción con una sólida legislación protectora y designar a un fideicomisario experto, consiguió aislar sus activos de reclamaciones externas. Esta estrategia proporciona al propietario seguridad financiera, permitiéndole centrarse en el crecimiento del negocio sin la preocupación constante de la exposición de los activos. En otro caso, una familia protegió su patrimonio de una batalla legal contenciosa colocando activos clave en un fideicomiso de protección de activos. Esta medida no solamente preservó el patrimonio familiar, sino que también garantizó que los activos se distribuyeran de acuerdo con los deseos de la familia, sin interferencias externas. Estos ejemplos subrayan el valor de los fideicomisos de protección de activos a la hora de proporcionar un entorno seguro para su patrimonio, permitiéndole gestionarlo y preservarlo con confianza.

En este capítulo hemos abordado los supuestos más complejos de planificación patrimonial. No se preocupe demasiado si le resultan confusos incluso después de leer la información, ya que para la mayoría de las personas esta complejidad no será necesaria. Lo he incluido más bien a título informativo y para que pregunte a su abogado si se aplica a su caso. Un testamento o fideicomiso estándar, un poder notarial y una directiva sanitaria deberían bastar para la mayoría de la gente.

No pases al siguiente capítulo sin hacer lo siguiente;

1. ¿Desea incluir donaciones benéficas en su plan de sucesión? Asegúrese de comunicárselo a su abogado para que pueda crear la estructura adecuada.
2. ¿Tiene un patrimonio internacional más complejo? Prepare preguntas para su abogado sobre la forma ideal de gestionar esta complejidad.
3. ¿Tiene seguros de vida? Pregunte a su abogado si están estructuradas de forma ventajosa para su patrimonio. Si no es así, puede que tenga que cambiar la estructura para beneficiar a sus herederos y reducir la carga fiscal.

Capítulo 7

Ejemplos de la Vida Real y Estudios de Casos

La vida nos plantea a menudo retos inesperados, y cuando se trata de planificar el patrimonio, estos retos pueden parecer desalentadores. Consideremos la historia de los Thompson, una típica familia de mediana edad que se esfuerza por asegurar su futuro en medio del ajetreo de la vida cotidiana. Con ambos progenitores en la cuarentena, se vieron atrapados entre sus exigentes carreras profesionales y la imperiosa necesidad de planificar el futuro de sus hijos adolescentes. Como muchas otras familias, al principio dudaron en enfrentarse a la realidad de la planificación patrimonial, pues les resultaba difícil dedicar tiempo a las conversaciones sobre la mortalidad.

El viaje de los Thompson comenzó al darse cuenta de que su actual falta de un plan formal les dejaba vulnerables. Reconocieron la importancia de establecer testamentos y directrices sanitarias para garantizar que se cumplieran sus deseos. Esto significaba encontrar tiempo para reunirse con asesores, una tarea complicada por sus agitadas agendas. Equilibrar las obligaciones laborales con la necesidad de abordar estos asuntos personales exigía una planificación cuidadosa y el compromiso de dar prioridad a estas conversaciones. Al reservar tiempo para reunirse con profesionales de la planificación patrimonial, pudieron esbozar un plan integral que les proporcionó una hoja de ruta clara para el futuro.

Uno de los pasos clave que dieron los Thompson fue crear fondos y fideicomisos para la educación de sus hijos. Esta decisión obedeció a su deseo de garantizar la educación de sus hijos, asegurándose de que dispondrán de recursos financieros independientemente de circunstancias imprevistas. Al establecer estos fideicomisos, proporcionaron una forma estructurada de gestionar y asignar fondos específicamente para fines educativos. Esta previsión no sólo garantiza que las necesidades educativas de sus hijos estarían cubiertas, sino que también les ofrecía la tranquilidad de saber que esos recursos estaban protegidos y disponibles cuando los necesitaran.

Al principio, los Thompson se enfrentaron a varios obstáculos. El más importante fue superar su reticencia inicial a hablar de temas relacionados con la mortalidad. Como a muchos, les resultaba incómodo contemplar su propio fallecimiento y el impacto que tendría en su familia. Sin embargo, al reconocer estos sentimientos y entablar un diálogo abierto, pudieron enfrentarse a sus temores y avanzar con determinación. Otro obstáculo fue la gestión de sus complejas agendas para acomodar las reuniones con los asesores. Para hacer frente a este problema, trabajaron en colaboración, coordinando sus calendarios y fijando las citas con suficiente antelación para asegurarse de que no se les escapaba nada. Hoy en día, con la facilidad de las citas en línea, esto debería ser mucho más fácil, ya que la mayoría de los abogados ofrecen consultas en línea.

Los resultados de los esfuerzos de planificación de los Thompson fueron transformadores. Gracias a los testamentos establecidos y a las directrices sobre asistencia sanitaria, consiguieron un nivel de seguridad financiera que les proporcionó tranquilidad. Sabían que sus bienes se distribuirán de acuerdo con sus deseos y que el futuro de sus hijos estaba salvaguardado. La creación de fideicomisos para la educación garantizó el apoyo a las aspiraciones académicas de sus hijos, ofreciéndoles oportunidades sin limitaciones financieras. Este enfoque integral de la planificación patrimonial permitió a los Thompson centrarse en el presente, sabiendo que habían tomado medidas proactivas para proteger el futuro de su familia.

Sección de Reflexión

Reflexione sobre su situación actual de planificación patrimonial. Piense en las prioridades que tiene para el futuro de su familia y en cómo un plan de sucesión integral podría satisfacer esas necesidades. Anote cualquier preocupación u objetivo que tenga en relación con la distribución de activos, las directivas de atención sanitaria o los fondos para la educación. Utilice esta reflexión como base para iniciar o actualizar su propio proceso de planificación patrimonial, asegurándose de que se ajusta a sus valores y aspiraciones.

7.1 Estudio de Caso: Los Jubilados Ultiman su Legado

John y Linda, una pareja de unos 60 años, se encuentran en un momento crucial de su vida. Con los ecos de una vida profesional cada vez más agitada, se centraron en finalizar sus planes de sucesión. Su principal objetivo era preservar su legado y garantizar que sus bienes se distribuyeran de forma que reflejaran el trabajo y los valores de su vida. Tenían especial interés en minimizar la carga fiscal para sus herederos, permitiendo a sus hijos beneficiarse plenamente del patrimonio que habían acumulado durante décadas. John y Linda sabían que la clave para alcanzar estos objetivos residía en una planificación meticulosa y una actuación estratégica.

Para abordar sus objetivos, la pareja decidió establecer un fideicomiso en vida. Esta decisión fue fundamental. Al transferir sus activos al fideicomiso, John y Linda podían gestionar su patrimonio con eficacia y evitar el largo y costoso proceso de sucesión. Un fideicomiso testamentario también les ofrecía la flexibilidad de hacer ajustes a medida que cambiaban sus circunstancias, una característica que les tranquilizaba. Además, emplearon estrategias de donación para reducir su patrimonio imponible. Al donar una parte de su patrimonio a sus hijos mientras aún vivían, podían reducir el tamaño de su herencia, minimizando así los posibles impuestos sobre el patrimonio. Esta estrategia benefició económicamente a sus herederos, y también permitió a John y Linda ser testigos directos del impacto positivo de su generosidad.

Uno de los principales retos a los que se enfrentaron John y Linda fue la compleja normativa fiscal. Los entresijos de la legislación fiscal pueden ser desalentadores, y la pareja sabía que necesitaba la orientación de expertos. Trabajaron en estrecha colaboración con un asesor financiero especializado en planificación patrimonial, asegurándose de que comprendieran claramente las implicaciones de cada decisión. Esta colaboración resultó inestimable y les proporcionó la tranquilidad de saber que sus planes eran sólidos desde el punto de vista legal y eficientes desde el punto de vista fiscal. Otro obstáculo fue garantizar una comunicación clara con los miembros de la familia. Las conversaciones abiertas sobre planificación patrimonial pueden resultar incómodas, pero John y Linda estaban decididos a evitar malentendidos. Organizaron reuniones familiares para discutir sus planes, explicar sus decisiones y abordar cualquier preocupación. Esta transparencia ayuda a fomentar la confianza y la comprensión, asegurando que sus intenciones quedan claras para todos los implicados.

El legado que dejaron John y Linda estuvo marcado por la armonía y la generosidad. Su minuciosa planificación garantizó que su familia viviera una transición sin sobresaltos, con instrucciones claras que no dejaban lugar a disputas. La distribución equitativa de los bienes reflejó su compromiso con la justicia, proporcionando a cada heredero una sensación de seguridad y respeto. Además, las contribuciones benéficas de John y Linda tuvieron un impacto duradero en su comunidad. Optaron por apoyar varios proyectos locales, desde iniciativas educativas a programas de salud comunitarios, alineando su legado con causas que les importaban profundamente. Estas contribuciones no sólo enriquecieron a la comunidad, sino que también inspiraron a su familia a continuar esta tradición de dar, creando un efecto dominó de cambio positivo.

Su historia ilustra cómo una planificación patrimonial meditada puede forjar el futuro de la familia, y de la comunidad en general. El legado de John y Linda sirve como testimonio del poder de la planificación estratégica y la comunicación abierta, y demuestra que, con el enfoque adecuado, las complejidades de la planificación patrimonial pueden transformarse en un camino claro y significativo hacia el futuro.

7.2 Caso Práctico: Preservación del Patrimonio de los Grandes Patrimonios

En el vertiginoso mundo de la tecnología, donde la innovación es la moneda del éxito, los fundadores de una próspera empresa tecnológica se encontraban en una encrucijada. Como personas con un elevado patrimonio neto, su atención se extendía más allá del crecimiento inmediato de su negocio, hacia el horizonte más amplio de preservar su riqueza para el futuro. Con importantes propiedades inmobiliarias y una variada cartera de inversiones, se enfrentaban a la compleja tarea de garantizar que su legado financiero perdurará a lo largo de generaciones. Su empresa, faro de su trabajo y su visión, había crecido exponencialmente, y con ella venía la responsabilidad de salvaguardar sus activos frente a las mareas imprescindibles del panorama económico.

Para hacer frente a estos retos, recurrieron a estrategias avanzadas de planificación patrimonial, empleando herramientas y técnicas sofisticadas a la altura de la complejidad de sus circunstancias. Una de sus principales medidas fue la creación de fideicomisos de protección de activos. Estos fideicomisos les servían de escudo para proteger su patrimonio de posibles acreedores y responsabilidades imprevistas. Colocando estratégicamente los activos en estos fideicomisos, podían mitigar los riesgos y mantener el control sobre su distribución. Este enfoque no sólo protegía sus intereses financieros, sino que también garantiza que su patrimonio pudiera transferirse sin problemas a las generaciones futuras, sin el estorbo de disputas legales.

Además de los fideicomisos de protección de activos, contrataron un seguro de personas clave para reforzar su plan de continuidad empresarial. Este seguro era un componente crucial, que proporcionaba seguridad financiera en el desafortunado caso de perder a un miembro fundamental del equipo. Garantizaba que la empresa podría capear el temporal de tal pérdida sin comprometer su estabilidad operativa. Al contratar un seguro para personas clave, reforzaron su compromiso con la longevidad de la empresa, minimizando los trastornos y salvaguardando el sustento de sus empleados. Esta previsión estratégica les permitió mantener la confianza de inversores y partes interesadas, esencial para una empresa que prosperaba gracias a la innovación y la confianza.

El camino no estuvo exento de complejidades. Equilibrar sus intereses empresariales con la gestión de su patrimonio personal requería un toque delicado. Navegaron por el intrincado panorama del cumplimiento de la cambiante legislación fiscal, una tarea que exigía una vigilancia constante y una orientación experta. La naturaleza dinámica de la legislación fiscal les obligaba a mantenerse informados y adaptables, asegurándose de que sus estrategias seguían siendo eficaces y cumplían la normativa. En colaboración con asesores fiscales experimentados, elaboraron un plan que se ajustaba a la normativa más reciente, optimizando su eficiencia fiscal y preservando su patrimonio.

Los resultados de su meticulosa planificación fueron profundos. Su patrimonio, cuidadosamente preservado gracias a una astuta gestión, fue testimonio de su previsión y perspicacia estratégica. A lo largo de varias generaciones, su familia se benefició de la infraestructura que habían creado, disfrutando de seguridad financiera y de oportunidades para dedicarse a sus pasiones. La empresa, bajo la nueva dirección, siguió prosperando, impulsada por los sólidos cimientos que habían establecido. Esta transición, fluida y armoniosa, reflejó su compromiso de alimentar la siguiente oleada de innovación y liderazgo dentro de la empresa. Su legado, construido sobre una base de planificación estratégica y gestión reflexiva, inspiró confianza y marcó una pauta a seguir por las generaciones futuras.

7.3 Estudio de Caso: Padres que Aseguran el Futuro de sus Hijos

Conozca a Sarah y David, padres jóvenes con dos niños pequeños llenos de energía, profundamente comprometidos a garantizar el bienestar de sus hijos mediante la planificación de su patrimonio. Como muchos padres, al principio se sintieron abrumados por la multitud de decisiones que requiere la planificación patrimonial, pero su principal preocupación era clara: ¿quién cuidaría de sus hijos si ellos ya no estuvieran? Esta pregunta, por desalentadora que fuera, les impulsó a actuar. Se dieron cuenta de que sin un plan, el futuro de sus hijos podría quedar en manos del azar, y querían asegurarse de que sus hijos se criaran en un entorno que refleja sus propios valores y aspiraciones.

Su primer paso fue nombrar tutores, una decisión cargada de complejidad emocional. Elegir a la persona que criaría a sus hijos en su ausencia no fue tarea fácil. Consideraron a familiares y amigos cercanos, sopesando factores como el estilo de crianza, la estabilidad financiera y la capacidad de proporcionar un hogar enriquecedor. Tras muchas deliberaciones, eligieron a la hermana de David y a su marido, una pareja en la que confiaba implícitamente y que compartía valores similares. Para formalizar esta decisión, incluyeron una cláusula de tutela en sus testamentos, asegurándose de que sus deseos fueran legalmente vinculantes.

Además de nombrar tutores, Sarah y David crearon fideicomisos para asegurar el futuro económico de sus hijos. Estaban decididos a velar por la educación y el bienestar general de sus hijos, independientemente de lo que les deparará la vida. Al establecer estos fideicomisos, podían destinar fondos específicamente a las necesidades de sus hijos, salvaguardando estos recursos de un posible uso indebido. Además, contrataron seguros de vida para sustituir sus ingresos en caso de fallecimiento prematuro. Este paso fue crucial, ya que garantizó que las cargas financieras no recayeran sobre los tutores, permitiéndoles centrarse en criar a los niños con amor y estabilidad.

El viaje no estuvo exento de dificultades. Al principio, Sarah y David se enfrentaron a la decisión de quién sería el tutor. El peso de esta elección era enorme, sabiendo que marcaría profundamente la vida de sus hijos. También se enfrentaron a la desalentadora tarea de equilibrar las necesidades financieras inmediatas con la planificación a largo plazo. Dar prioridad a los gastos corrientes y reservar fondos para la seguridad futura exigía un cuidadoso presupuesto y una clara comprensión de su situación financiera. Abordaron estos retos entablando conversaciones abiertas con los tutores elegidos, asegurándose de que todos estaban de acuerdo en cuanto a expectativas y responsabilidades.

Los beneficios de su cuidadosa planificación pronto se hicieron evidentes.

Con la tutela legalmente establecida, Sarah y David tuvieron la tranquilidad de saber que sus hijos estarían al cuidado de personas en las que confiaban. Los fideicomisos que crearon proporcionaron una base financiera estable, asegurando la protección de la educación y el bienestar de sus hijos. Las pólizas de seguro de vida reforzaron aún más esta seguridad, ofreciendo una red de seguridad financiera que permitió a la hermana de David y a su marido centrarse en proporcionar apoyo emocional y estabilidad en lugar de preocuparse por las limitaciones financieras.

La historia de Sarah y David pone de relieve el profundo impacto que una planificación patrimonial bien pensada puede tener en una familia. Al tomar medidas proactivas, se aseguraron de que sus hijos recibieron cuidados y apoyo, independientemente de lo que les deparará el futuro. Esta previsión protegió el futuro de sus hijos, y también dio a Sarah y David la tranquilidad de poder disfrutar de su tiempo con ellos, sabiendo que habían tomado todas las medidas posibles para garantizar su bienestar.

7.4 Estudio de Caso: Las Familias Ensambladas Logran una Distribución Equitativa

Imagine una familia en la que el amor ha entretejido dos historias distintas en un tapiz vibrante. Conozca a los Johnson, una familia mixta que se enfrenta a la complejidad de un reparto equitativo de bienes. Ambos progenitores llegaron a esta unión con hijos de matrimonios anteriores, cada uno con expectativas únicas y lazos emocionales con su pasado. El reto estaba claro: cómo distribuir los bienes de forma que se tuvieran en cuenta las diversas dinámicas familiares y financieras y se mantuviera la armonía familiar.

Para abordar este intrincado panorama, los Johnson adoptaron un enfoque reflexivo de la planificación patrimonial. Empezaron a establecer fideicomisos separados para cada uno de los hijos biológicos. Esta estrategia les permitió asignar recursos de forma que se respetaran las necesidades individuales de cada hijo, garantizando que ninguno se sintiera ignorado o infravalorado. Al definir claramente los términos de estos fideicomisos, proporcionaron un marco estructurado para la distribución de activos que reflejaba sus valores compartidos y su compromiso con la equidad. Esta separación también ofrecía protección, ya que garantizaba que cada hijo recibiría la herencia prevista sin riesgo de disputas.

Un elemento central de su proceso de planificación eran las reuniones familiares periódicas, en las que se debatían abiertamente los planes y las expectativas de la herencia. Estas reuniones se convirtieron en la piedra angular de su enfoque, porque ofrecían a todos los miembros de la familia la oportunidad de expresar sus opiniones y preocupaciones. A través de estas conversaciones, los Johnson fomentaron un entorno de transparencia y comprensión, abordando los posibles conflictos antes de que pudieran agravarse. Esta comunicación abierta fue vital para gestionar las distintas expectativas y emociones que surgen de forma natural en las familias mixtas. Al reconocer y respetar el punto de vista de cada persona, pudieron llegar a un consenso que honraba su vínculo colectivo.

A pesar de sus esfuerzos proactivos, los Johnson se enfrentaron a retos inevitables. Las diferentes expectativas entre los miembros de la familia supusieron un obstáculo importante. Los niños acostumbrados a ciertas tradiciones o estilos de vida de sus experiencias familiares anteriores tuvieron que adaptarse a nuevas normas y realidades financieras. Los padres reconocieron estas complejidades emocionales y trabajaron con diligencia para asegurarse de que cada hijo se sintiera escuchado e incluido en el proceso. La comunicación clara fue su herramienta más poderosa, ya que ayudó a salvar diferencias y a alinear sus diversas perspectivas. Al centrarse en los valores y objetivos compartidos, navegaron por estas aguas emocionales con empatía y paciencia.

Los resultados de la meticulosa planificación de los Johnson fueron notables. Mediante una división transparente y justa de los bienes, lograron un nivel de armonía que muchos encuentran difícil de alcanzar en las familias mixtas. Cada hijo comprendió su lugar en la estructura familiar y se sintió seguro al saber que se habían tenido en cuenta sus necesidades y deseos. Este reparto equitativo preservó la unidad familiar, y reforzó los lazos entre hermanos de matrimonios diferentes. La historia de los Johnson ilustra cómo una planificación patrimonial concienzuda puede transformar un posible conflicto en una oportunidad para profundizar en los vínculos y el respeto mutuo.

En este caso, los Johnson demostraron que, con una planificación cuidadosa y un diálogo abierto, las familias mixtas pueden sortear con éxito las complejidades de la distribución de bienes. Su historia es un testimonio del poder de la transparencia y la equidad en la planificación del patrimonio, y ofrece una hoja de ruta para otras familias que se enfrentan a retos similares. Gracias a sus esfuerzos, no sólo aseguraron su legado financiero, sino que también reforzaron los cimientos emocionales de su familia, garantizando su prosperidad para las generaciones venideras.

7.5 Lecciones Aprendidas de los Errores Más Comunes en la Planificación Patrimonial

La planificación de la sucesión es una tarea crítica plagada de peligros potenciales. Uno de los errores más comunes es no actualizar los planes tras cambios importantes en la vida. Imagínese que uno de sus padres redacta un testamento a los 30 años y nunca lo revisa con el paso de las décadas. Nacen hijos, las relaciones cambian y los bienes crecen, pero el testamento sigue siendo una reliquia del pasado. Este descuido puede hacer que herederos no deseados reciban bienes o, lo que es peor, que seres queridos queden totalmente excluidos. Es un duro recordatorio de la necesidad de revisiones periódicas, que garanticen que sus planes evolucionan a la par que sus circunstancias vitales. Las actualizaciones periódicas no solo son prudentes, sino esenciales para reflejar la naturaleza dinámica de la vida.

En la era digital actual, otro descuido frecuente es subestimar la complejidad de los activos digitales. Muchos de nosotros tenemos una amplia gama de cuentas en línea, desde redes sociales a carteras digitales, que pueden tener un valor financiero y sentimental significativo. Sin embargo, estos activos a menudo no se mencionan en los planes de sucesión tradicionales.

Sin la documentación adecuada, estos tesoros digitales pueden resultar inaccesibles para los herederos y perderse en el éter. Este descuido deja un vacío en su legado, ya que los recuerdos más preciados y los activos más valiosos permanecen bajo llave, fuera del alcance de su familia. Reconocer la importancia de incluir los activos digitales en su plan de sucesión es crucial para garantizar un enfoque integral.

Ejemplos de la vida real ilustran las repercusiones de estos errores. Tomemos el caso de un testamento obsoleto que dio lugar a que herederos no deseados se beneficiaran de una herencia. Esta familia se enfrentó a un atolladero legal, ya que parientes lejanos impugnaron la distribución, lo que condujo a una larga y costosa batalla judicial. La carga emocional fue considerable, y los miembros de la familia se enfrentaron a sentimientos de traición y confusión. Del mismo modo, otra familia se enfrentó a disputas debido a una distribución de bienes poco clara. La falta de directrices claras fracturó las relaciones entre hermanos, que discutían sobre lo que creían que sus padres habían querido. Estas situaciones ponen de relieve la importancia de la claridad y la previsión en la planificación de la sucesión y subrayan la necesidad de una documentación y una comunicación meticulosas.

Corregir estos errores implica una acción estratégica. Los planes de sucesión deben revisarse para reflejar las circunstancias actuales, asegurándose de que se ajustan a su realidad presente y a sus aspiraciones futuras. Esto significa establecer un calendario de revisiones periódicas, quizás anualmente o después de acontecimientos vitales importantes, para que sus planes sigan siendo pertinentes. Además, la mediación puede ser una herramienta valiosa para resolver conflictos familiares. Recurrir a una parte neutral para facilitar las discusiones puede ayudar a clarificar las intenciones y restablecer la confianza, convirtiendo la posible discordia en una oportunidad de crecimiento. Abordar estas cuestiones de frente puede transformar un proceso potencialmente divisivo en otro que refuerce los lazos familiares.

Las principales conclusiones para los lectores son claras. Las revisiones y actualizaciones periódicas del plan son vitales para mantener la integridad y exactitud de sus documentos sucesorios. Un plan exhaustivo debe incluir todos los activos, tangibles y digitales, para garantizar que nada quede al azar. La comunicación también es fundamental; hablar de sus planes con los miembros de la familia puede evitar sorpresas y malentendidos, fomentando un entorno de transparencia y confianza. Si aprende de estas lecciones, podrá enfrentarse a las complejidades de la planificación patrimonial con confianza, asegurando su legado para las generaciones venideras.

Al reflexionar sobre estas lecciones, vemos que la planificación del patrimonio no es solo un ejercicio jurídico, sino profundamente personal. Requiere que nos enfrentemos a nuestra propia mortalidad y consideremos el legado que deseamos dejar. Evitando errores comunes y tomando medidas proactivas, puede crear un plan que no solamente proteja sus activos, sino que también honre sus valores y relaciones. Los conocimientos adquiridos a partir de estas experiencias allanan el camino para un enfoque más reflexivo e intencionado de la planificación patrimonial, garantizando que se cumplan sus deseos y se cuide de sus seres queridos.

En este capítulo, algunos de los ejemplos reflejarán su situación familiar. Tome estos ejemplos como ideas o preguntas que puede llevar a la reunión inicial con su abogado para hacerle preguntas o incluirlas en su testamento/fi deicomiso

No pases al siguiente capítulo sin hacer lo siguiente;

1. ¿Desea incluir en su testamento o fideicomiso cláusulas específicas relativas a sus deseos en materia de educación? Añada esto a su lista para informar a su abogado cuando redacte su testamento/fideicomiso
2. ¿Hubo algo en estos ejemplos que le incitara a hacer preguntas a su abogado que pudiera añadir a su testamento/fideicomiso? Asegúrese de anotarlas

Capítulo 8

Mantener y Actualizar su Plan de Sucesión

Imagínese un jardín lleno de plantas cuidadosamente elegidas, que prosperan bajo el sol. Al igual que un jardín, su plan de sucesión requiere atención y cuidados periódicos para garantizar que siga floreciendo. Con el tiempo, a medida que cambian las estaciones, también lo hacen las circunstancias de su vida. Al igual que el cuidado de ese jardín, la actualización de su plan de sucesión no sólo mantiene su belleza, sino que protege su propia existencia. La vida es impredecible, y varios acontecimientos clave exigen que vuelva a examinar y revisar su plan de sucesión para reflejar sus deseos y responsabilidades actuales. Ignorar estos cambios puede acarrear consecuencias imprevistas, dejando a sus seres queridos con confusión y posibles disputas.

8.1 Cambios de Vida y Planificación Patrimonial: Cuándo Actualizar

El matrimonio y el divorcio son hitos vitales importantes que exigen una reevaluación de su plan sucesorio. Al contraer matrimonio, cambian sus obligaciones financieras y legales, y puede que desee incluir a su cónyuge como beneficiario o designar para que tome decisiones en caso de incapacidad. Por el contrario, el divorcio es el momento de reevaluar a sus beneficiarios y albaceas. No eliminar a un ex cónyuge de su testamento o fideicomiso puede hacer que herede bienes que usted ya no desea que tenga, creando una situación que podría ser problemática tanto emocional como económicamente.

La llegada de un nuevo hijo, ya sea por nacimiento o adopción, es otro momento crucial que justifica una atención inmediata a su plan de sucesión. Esta feliz ocasión conlleva la responsabilidad de asegurarse de que su hijo esté bien atendido, tanto financiera como legalmente. Añadir a su nuevo hijo como beneficiario y nombrar un tutor en caso de fallecimiento prematuro son pasos cruciales. Sin estas actualizaciones, su hijo podría no recibir los beneficios que usted pretende o, peor aún, quedarse sin un plan claro para su cuidado.

Los cambios financieros, como un aumento o disminución significativa del patrimonio, deberían motivar una revisión y actualización exhaustivas de su plan de sucesión. Tal vez haya recibido una herencia importante o adquirido activos valiosos. Estos cambios afectan a la distribución de su patrimonio y pueden requerir nuevas estrategias fiscales o ajustes de las existentes. Por otra parte, los reveses financieros pueden obligar a reconsiderar cuánto puede permitirse dejar a los beneficiarios o a causas benéficas.

Incluso algo tan aparentemente mundano como un viaje al extranjero puede desencadenar la necesidad de actualizar el plan de sucesión. Los viajes prolongados o el traslado al extranjero introducen nuevas consideraciones legales y logísticas, como el nombramiento de un poder notarial temporal o la actualización de las directrices sanitarias para reflejar las leyes y prácticas locales. Es esencial asegurarse de que su plan de sucesión se adapte a estos cambios para que sus asuntos permanezcan en orden, independientemente de su ubicación.

Descuidar la actualización de su plan de sucesión puede dar lugar a herederos o beneficiarios no deseados: personas que quizá ya no formen parte de su vida o a las que nunca quiso incluir. La falta de concordancia con sus deseos actuales puede crear confusión y conflictos entre los miembros de la familia, dando lugar a disputas que podrían haberse evitado con una planificación proactiva. Para evitar estos problemas, es aconsejable establecer recordatorios para actualizaciones periódicas y mantener una lista de verificación de los posibles cambios en su vida que podrían afectar a su plan de sucesión.

Sección de Reflexión

Lista de control para los cambios de vida:

- Matrimonio o divorcio
- Nacimiento o adopción de un niño
- Cambios significativos en la situación financiera
- Viajes prolongados al extranjero
- Fallecimiento de un beneficiario, tutor o albacea

Considere la posibilidad de revisar periódicamente esta lista de comprobación y establecer recordatorios para revisar su plan de sucesión cada vez que se produzca alguno de estos acontecimientos clave. Mantener su plan de sucesión alineado con su vida garantiza que se respeten sus deseos y que sus seres queridos reciban los cuidados que usted desea.

8.2 Revisión Anual del Plan Patrimonial

Piense en su plan sucesorio como un documento vivo, que respira y se adapta a los cambios de su vida. Llevar a cabo una revisión anual de su plan sucesorio no es solamente una buena práctica; es necesaria para garantizar que su plan se ajusta a sus deseos y circunstancias vitales actuales. Las revisiones periódicas brindan la oportunidad de abordar posibles problemas antes de que se conviertan en problemas reales. Al revisar su plan de sucesión cada año, puede comprobar que sus intenciones se reflejan con exactitud y que no se pasa por alto ningún detalle. Este enfoque proactivo ayuda a evitar descuidos costosos, garantizando que el futuro que ha previsto para sus seres queridos permanezca intacto.

Para iniciar una revisión anual del plan de sucesión, comience por examinar cualquier cambio en sus activos o pasivos durante el último año. Esto puede incluir la compra de nuevas propiedades, la adquisición de acciones o incluso la venta de activos. Cada cambio puede afectar a la distribución de su patrimonio y requerir ajustes en su plan. A continuación, revise sus designaciones de beneficiarios. La vida cambia rápidamente y es posible que alguien que antes era el beneficiario principal ya no ocupe ese lugar en su corazón o en su vida. Confirme que los beneficiarios que figuran en cuentas como pólizas de seguro de vida, fondos de jubilación o cuentas de pago en caso de fallecimiento siguen coincidiendo con sus intenciones actuales. Por último, tenga en cuenta sus directrices sanitarias. Estos documentos deben reflejar sus preferencias actuales y designar a alguien de su confianza para que tome decisiones médicas en caso necesario. La actualización de estas directrices garantiza que su atención médica se ajuste a sus valores y deseos. Si modifica sus directrices sanitarias, asegúrese de comunicárselo a su apoderado.

Hay varias herramientas y recursos disponibles para agilizar la revisión de su plan de sucesión. El software de planificación patrimonial puede ser especialmente útil, ya que ofrece una plataforma centralizada para realizar un seguimiento de los cambios y almacenar documentos importantes. Estas soluciones digitales suelen incluir funciones como recordatorios automáticos de actualizaciones y listas de comprobación exhaustivas para guiarle en el proceso de evaluación. Estas herramientas garantizan que se cubran todas las facetas del plan sucesorio, sin dejar piedra sin remover. Una lista de comprobación, ya sea digital o impresa, puede proporcionar un enfoque estructurado para su revisión, ayudándole a mantenerse organizado y centrado en cada elemento esencial.

Los beneficios de realizar revisiones periódicas se ilustran a través de las experiencias de familias que han evitado retos importantes gracias a las actualizaciones oportunas. Pensemos en una familia que, mediante evaluaciones anuales, descubrió que su hijo menor no figuraba como beneficiario en una importante póliza de seguro de vida. Al detectar este descuido a tiempo, modificaron su plan para garantizar una provisión equitativa para todos sus hijos. Otra familia descubrió, durante su revisión, que el valor de una propiedad que pretendían dejar a un heredero concreto había aumentado considerablemente. Ajustar su plan sucesorio para tener en cuenta este cambio les ayudó a evitar futuras complicaciones sucesorias y garantizó una transición más fluida de los activos.

Estas historias ponen de relieve la importancia de mantener un plan de sucesión que evolucione con usted, respondiendo a los giros inesperados de la vida. Al dedicar tiempo cada año a revisar su plan de sucesión, no únicamente está salvaguardando sus bienes, sino que se está asegurando de que su legado refleje la persona en la que se ha convertido y la familia que aprecia. Esta previsión protege a sus seres queridos de enredos legales innecesarios y angustia emocional, permitiéndoles centrarse en celebrar su vida y honrar sus deseos.

8.3 Mantenerse al Día de los Cambios Legales: Mantenerse Informado

Imagine el panorama legal como una marea cambiante, remodelando constantemente a costa de la planificación patrimonial. Los cambios en las leyes fiscales o en los umbrales de la herencia pueden alterar drásticamente los beneficios que reciben sus herederos. Por ejemplo, una reducción de la exención del impuesto de sucesiones podría significar que una mayor parte del valor de su patrimonio esté sujeta a tributación, reduciendo lo que sus beneficiarios reciben en última instancia. Del mismo modo, las nuevas normativas que afectan a los fideicomisos o testamentos pueden obligar a ajustar los documentos existentes para garantizar su cumplimiento y eficacia. Si no se mantiene informado, corre el riesgo de que su plan sucesorio sea vulnerable a estos cambios, lo que podría socavar sus intenciones y crear complicaciones innecesarias para sus herederos.

Estar al día de los cambios jurídicos puede parecer desalentador, pero hay estrategias prácticas que puede emplear para mantenerse informado. Suscribirse a boletines o actualizaciones jurídicas es una forma sencilla de recibir la información más reciente directamente en su bandeja de entrada. Estos recursos suelen ofrecer información sobre nuevas leyes o reglamentos y sus implicaciones para la planificación patrimonial. Además, asistir a seminarios o webinarios sobre planificación patrimonial puede ofrecer valiosas oportunidades para aprender de expertos y formular preguntas específicas sobre su situación. Estos eventos también pueden presentarle nuevas herramientas y prácticas que podrían beneficiar a su plan de sucesión.

Los asesores jurídicos desempeñan un papel fundamental a la hora de afrontar estos cambios. Las consultas periódicas con un abogado especializado en planificación patrimonial garantizan que su plan siga siendo sólido y se ajuste a la legislación vigente. Estos profesionales pueden interpretar el complejo lenguaje jurídico y ofrecer asesoramiento personalizado sobre cómo pueden afectar los cambios a su patrimonio. Confiar en su experiencia le permite ajustar su plan de forma proactiva, en lugar de reactiva, garantizando que sus intenciones se mantengan y que sus beneficiarios estén protegidos.

Pensemos en una familia que, a través de frecuentes consultas con su asesor jurídico, ajustó su plan sucesorio en previsión de cambios en la legislación fiscal. Su asesor les informó de una próxima reducción de la exención del impuesto de sucesiones, lo que les llevó a reestructurar sus activos para minimizar las obligaciones fiscales. Gracias a este enfoque proactivo, sus herederos recibieron todos los beneficios previstos para ellos, evitando cargas fiscales inesperadas.

Otro ejemplo es el de un empresario que, al mantenerse informado sobre las nuevas normativas que afectan a los fideicomisos, pudo modificar sus documentos fiduciarios para mantener el control sobre el futuro de su empresa. Este ajuste garantizó que la empresa pudiera seguir funcionando sin problemas, incluso después del fallecimiento del propietario, conservando puestos de trabajo y apoyando a la comunidad.

Estos ejemplos subrayan la importancia de la concienciación y la planificación proactiva en la gestión del patrimonio. Manteniéndose informado y colaborando con asesores jurídicos, usted se asegura de que su plan sucesorio esté en consonancia con un entorno jurídico en constante evolución. Esta vigilancia protege su legado y le ofrece la tranquilidad de saber que sus asuntos están en orden y que sus beneficiarios recibirán lo que usted deseaba. A medida que las leyes evolucionan, también debe hacer su plan, reflejando no sólo el panorama jurídico actual, sino también su compromiso permanente de salvaguardar el futuro de su familia.

8.4 Comunicación del Plan a los Familiares

Una comunicación clara sobre su plan sucesorio es como sentar unos cimientos sólidos para el futuro de su familia. Evita malentendidos y conflictos que podrían surgir en ausencia de claridad. Cuando sus seres queridos comprenden sus funciones y responsabilidades, pueden actuar con confianza, sabiendo que están cumpliendo sus deseos. Esta transparencia garantiza que todo el mundo esté de acuerdo, reduciendo las posibles disputas que suelen surgir cuando los planes son ambiguos o desconocidos. Imagine el alivio que sentirá su familia al saber exactamente lo que usted quería y cómo llevar a cabo sus deseos. Es un regalo de claridad, que les permite centrarse en apoyarse mutuamente en momentos difíciles sin la carga añadida de adivinar sus intenciones.

Discutir los planes de sucesión con su familia puede resultar desalentador, pero existen estrategias eficaces para facilitar el proceso. Celebrar reuniones familiares es un enfoque práctico. Estas reuniones proporcionan un foro para el diálogo abierto, donde puede explicar sus decisiones y responder a cualquier pregunta. Estas discusiones deben documentarse para que sirvan de referencia en futuras revisiones. Esto ayuda a memorizar la conversación, reduciendo la probabilidad de malas interpretaciones más adelante. Esta documentación puede ser muy valiosa, sobre todo si la dinámica familiar cambia con el tiempo o si los recuerdos de la conversación se desvanecen. Es una forma proactiva de asegurarse de que todos recuerdan el plan acordado, aumentando la sensación de seguridad y comprensión.

Cuando se habla de planes sucesorios pueden surgir problemas, a menudo derivados de reacciones emocionales ante temas delicados. Hablar de la muerte y la herencia puede remover sentimientos muy arraigados y hacer que algunos miembros de la familia se sientan incómodos o a la defensiva. Gestionar estas emociones requiere paciencia y empatía.

Es importante escuchar activamente y reconocer los sentimientos de todos, aunque difieran de los propios. Equilibrar la transparencia con la privacidad es otro obstáculo. Si bien es crucial ser abierto sobre sus planes, es posible que no desee revelar todos los detalles a todos los miembros de la familia. Encontrar el equilibrio adecuado garantiza que quienes necesiten saberlo estén informados, al tiempo que se respeta su intimidad.

Pensemos en una familia que se reúne periódicamente para debatir su plan sucesorio. Al fomentar un ambiente de franqueza y confianza, han llegado a un consenso sobre decisiones clave, como la tutela de los hijos menores y la gestión de los bienes compartidos. Esta comunicación periódica ha reforzado sus lazos, ya que cada miembro se siente valorado y escuchado. En otro ejemplo, una familia evitó con éxito las disputas exponiendo claramente sus expectativas en una serie de reuniones documentadas. Al abordar por adelantado las posibles preocupaciones y dejar espacio para las preguntas, se aseguraron de que todos entendían sus funciones y responsabilidades. Estos ejemplos ponen de relieve el poder de la comunicación para crear armonía y reducir los conflictos familiares.

La comunicación eficaz sobre su plan de sucesión no consiste sólo en compartir información, sino en generar confianza y garantizar que sus seres queridos estén preparados para cumplir sus deseos. Mediante un diálogo abierto y sincero, puede crear un legado de entendimiento y cooperación que trascienda las meras consideraciones financieras. Esta base de confianza y claridad permite a su familia avanzar con confianza, unidos en propósito e intención.

8.5 Herramientas y Recursos Digitales para la Gestión Continua

En el vertiginoso mundo actual, la tecnología es un aliado inestimable a la hora de gestionar y actualizar su plan de sucesión. Las plataformas en línea han transformado la forma en que gestionamos nuestros documentos patrimoniales, ofreciendo un refugio digital para su revisión y almacenamiento seguros. Imagine tener todos sus documentos esenciales organizados y accesibles con solamente pulsar un botón. Estas plataformas proporcionan un lugar centralizado donde puede almacenar de forma segura su testamento, fideicomisos y otros documentos importantes, facilitando a usted -y a los albaceas designados- su localización y acceso cuando sea necesario. Además, las aplicaciones diseñadas para realizar un seguimiento de los cambios en los activos y las actualizaciones del plan pueden cambiar las reglas del juego, como You Need a Budget y Mint. Te permiten controlar los cambios en tu panorama financiero, garantizando que tu plan de sucesión se mantenga actualizado y refleje sus verdaderas intenciones.

La seguridad es primordial cuando se trata de información sensible, y las herramientas digitales ofrecen sólidas funciones para mantener tus datos a salvo. Busque plataformas que utilizan el cifrado de datos para proteger sus documentos de accesos no autorizados. Esto garantiza que solo las personas autorizadas puedan ver o modificar su plan de sucesión. Los protocolos de acceso seguro, como la autenticación de dos factores, añaden una capa adicional de protección al requerir una verificación adicional para acceder. Además, las actualizaciones periódicas del software son fundamentales, ya que solucionan posibles vulnerabilidades y mejoran la funcionalidad, manteniendo la fiabilidad y eficacia de las herramientas de gestión del patrimonio digital. Realizar copias de seguridad de los datos es otra práctica esencial, puesto que protege la información frente a pérdidas debidas a fallos técnicos o errores humanos.

La eficacia de la gestión digital se ilustra mejor con ejemplos del mundo real. Pensemos en el albacea que, gracias a un portal seguro en línea, puede acceder sin esfuerzo al plan sucesorio del difunto, eliminando la necesidad de largas búsquedas en archivos físicos. Este acceso simplificado no solamente aceleró el proceso de sucesión, sino que también redujo el estrés de la familia. Otro caso es el de un empresario que utilizó una aplicación para hacer un seguimiento de los inventarios de activos en tiempo real. Esto permitió actualizar inmediatamente su plan de sucesión tras cualquier transacción financiera importante, garantizando que su plan estuviera siempre sincronizado con su situación financiera actual.

Al seleccionar las herramientas digitales adecuadas, es importante evaluar el software en función de sus características y facilidad de uso. Las interfaces fáciles de usar facilitan la navegación y la gestión del plan de sucesión, incluso para quienes no sean expertos en tecnología. La mayoría de la gente ha oído hablar y utiliza Dropbox, que tiene cifrado y está basado en la nube. Considere si el software puede integrarse con las aplicaciones financieras que ya utiliza, ya que esto puede proporcionar una visión más coherente de su situación financiera. Por ejemplo, la integración con aplicaciones presupuestarias o de inversión puede ofrecer información sobre cambios en los activos que podrían requerir actualizaciones de su plan de sucesión. Al elegir herramientas que se ajusten a sus necesidades y estilo de vida, puede simplificar la gestión de su patrimonio y garantizar que siga siendo un fiel reflejo de sus deseos y circunstancias.

8.6 Crear un Legado Más Allá de la Planificación Financiera

La planificación del legado va más allá de la simple distribución del patrimonio, ya que determina la forma en que se le recuerda y los valores que transmite a las generaciones futuras. No se trata solo de transmitir bienes, sino también lecciones de vida y recuerdos entrañables. Considere la posibilidad de apoyar causas benéficas o proyectos comunitarios que coincidan con sus valores. Establecer becas o fondos educativos en su nombre puede ofrecer oportunidades duraderas a otras personas, reflejando su compromiso con la educación y el crecimiento personal. Documentar y compartir la historia y las tradiciones de su familia es otra forma poderosa de crear un legado significativo. Estas historias y costumbres sirven de puente entre generaciones, ayudando a sus seres queridos a entender de dónde vienen y los valores que usted aprecia.

Involucrar a su familia en la planificación de su legado profundiza los vínculos y garantiza que sus intenciones sean comprendidas. Involucre a los niños en actividades filantrópicas, enseñándoles la importancia de retribuir a la vez que fomenta su propio sentido de propósito. Hablar abiertamente de sus valores y deseos fomenta un sentimiento de unidad y una visión compartida, lo que facilita que su familia lleve a cabo sus planes. Este enfoque colaborativo permite a sus seres queridos continuar su legado, preservando los ideales y tradiciones que usted aprecia.

La planificación del legado va mucho más allá de la mera asignación de activos. Se trata de la huella que usted deja en el mundo y de los valores que transmite a sus seres queridos. Piense, por ejemplo, en las lecciones que ha aprendido a lo largo de su vida, los triunfos y las pruebas que le han formado. Estas experiencias tienen un valor incalculable y ofrecen una sabiduría que puede guiar a las generaciones futuras. Al documentar y compartir estas lecciones de vida, proporcionan una hoja de ruta a tus descendientes, ayudándoles a navegar por sus propios caminos con el beneficio de tus conocimientos. Este intercambio puede adoptar muchas formas, desde memorias escritas a entrevistas grabadas, cada una de las cuales ofrece una visión única de su mundo.

Más allá de los relatos personales, apoyar causas benéficas o proyectos comunitarios es una forma poderosa de crear un impacto duradero. Establecer becas o fondos educativos puede garantizar que tu compromiso con el aprendizaje y el crecimiento siga beneficiando a otros mucho después de que te hayas ido. Estas iniciativas no únicamente ayudan a las personas necesitadas, sino que también reflejan sus valores y prioridades, como testimonio de los principios que guiaron su vida. Al invertir en causas que resuenan con usted, contribuye a un legado que trasciende el tiempo, fomentando el cambio positivo y el desarrollo de la comunidad.

Involucrar a su familia en la planificación del legado es crucial. Implique a sus hijos en actividades filantrópicas, enséñeles la importancia de devolver y animales a desarrollar su propio sentido de la responsabilidad social. Esta implicación no solo refuerza los lazos familiares, sino que también inculca valores que pueden transmitirse de generación en generación. Las conversaciones abiertas sobre sus valores y deseos crean un entorno de transparencia y comprensión, garantizando que su legado sea honrado de la manera que usted imagina. Estas conversaciones pueden ser difíciles, pero ofrecen una oportunidad de crecimiento y conexión, permitiendo a su familia alinearse con su visión y llevarla adelante.

Consideremos la historia de una familia que creó una fundación para apoyar a organizaciones benéficas locales, integrando a sus hijos en el proceso de toma de decisiones. Este enfoque no solo amplifica el impacto de la familia, sino que también animó a la generación más joven a abrazar la filantropía, cultivando un compromiso compartido con el servicio a la comunidad. En otro caso, una persona decidió preservar la historia de su vida mediante memorias escritas y grabaciones de vídeo. Estos relatos personales proporcionaron a su familia un rico tapiz de recuerdos y reflexiones, fomentando una comprensión más profunda de sus raíces y de los valores que definieron su historia familiar.

La creación de un legado que vaya más allá de la planificación financiera va más allá de la riqueza; se trata de la influencia duradera de su vida y sus ideales. Al tomar medidas deliberadas para transmitir sus valores, apoyar causas significativas y comprometer a su familia, usted crea un legado que resuena a través del tiempo. Este legado sirve de guía para sus seres queridos, ofreciéndoles la oportunidad de construir sobre los cimientos que usted ha sentado y continuar la labor que usted ha iniciado. Estos esfuerzos garantizan que su presencia se sienta y se celebre, no solo en los activos que deja atrás, sino en las vidas que toca y en el mundo que ayuda a moldear. Al contemplar su legado, piense en la multitud de formas en que puede marcar la diferencia, dejando una huella que refleje quién es y qué defiende.

No pases al siguiente capítulo sin hacer lo siguiente;

1. Pregunte a su abogado cómo actualizar los cambios en su plan. ¿Es

necesario atestiguar estos cambios o basta con una actualización en una plataforma centralizada?

2. ¿Quiere dejar algo específico a sus beneficiarios? ¿Quieres cambiar tu causa filantrópica cercana a tu corazón o pasar una serie de vídeos a la siguiente generación? Ahora es el momento de hacerlo realidad y almacenarlos en Dropbox listos para ser distribuidos

Conclusión

A lo largo de este libro, hemos explorado los entresijos de la planificación patrimonial, desentrañando las complejidades para revelar un camino claro a seguir. Desde la comprensión de los conceptos básicos hasta la adaptación de las estrategias a sus circunstancias particulares, hemos tratado los elementos esenciales para crear un plan sólido y eficaz. Hemos visto cómo una planificación temprana y proactiva puede proporcionarle tranquilidad, garantizando que se respeten sus deseos y se proteja a sus seres queridos.

Como contador público, he sido testigo directo del poder de la planificación patrimonial para simplificar situaciones complejas. Al tomar el control de su futuro ahora, usted se está dando a sí mismo ya su familia un regalo invaluable - el regalo de la claridad, la seguridad y la paz. Su plan de sucesión es un reflejo de su vida, sus valores y su legado. Es un testimonio del amor que siente por sus seres queridos y del impacto que desea dejar en el mundo.

A lo largo de nuestra trayectoria, hemos hecho hincapié en la importancia de la personalización. Al igual que no hay dos vidas idénticas, no hay dos planes sucesorios iguales. Su plan debe ser tan único como su huella dactilar, cuidadosamente diseñado para satisfacer sus necesidades específicas, objetivos y dinámica familiar. Tanto si es usted un padre joven que acaba de empezar, una persona con un patrimonio elevado y activos complejos, o un jubilado que quiere asegurar su legado, su plan de sucesión debe adaptarse a usted como un guante.

También he destacado la importancia de contar con asesoramiento profesional. La planificación patrimonial no es una tarea en solitario; es un proceso de colaboración que se beneficia de la experiencia de profesionales jurídicos y financieros.

Al crear una red fiable de asesores, puede estar seguro de que su plan es jurídicamente sólido, fiscalmente eficiente y exhaustivo. Estos expertos pueden ayudarle a navegar por el cambiante panorama de leyes y reglamentos, manteniendo su plan actualizado y eficaz.

La comunicación ha sido otro tema central de nuestro debate. Su plan de sucesión no es un secreto que deba guardarse bajo llave; es un documento vivo que debe compartirse y discutirse con sus seres queridos. Si mantiene conversaciones abiertas y sinceras sobre sus intenciones, evitará malentendidos, reducirá posibles conflictos y se asegurará de que su familia esté preparada para cumplir sus deseos. Puede que estas conversaciones no siempre sean fáciles, pero son esenciales para crear un entendimiento compartido y un frente unido.

Como hemos visto, la planificación patrimonial no es un asunto de una sola vez. La vida está llena de cambios y su plan debe evolucionar con usted. Si revisa y actualiza periódicamente su plan, se asegurará de que siempre refleje sus circunstancias y preferencias actuales. Aprovechar las herramientas y los recursos digitales puede hacer que esta gestión continua sea más eficiente y eficaz, permitiéndote estar al tanto de su plan con facilidad.

Pero la planificación de la sucesión va más allá de la mera distribución de activos; se trata de crear un legado que perdure. Incorporando la filantropía, transmitiendo valores y compartiendo lecciones de vida, puede dejar una huella que vaya mucho más allá de su patrimonio financiero. Usted tiene el poder de forjar el futuro, de marcar la diferencia en la vida de los demás y de inspirar a las generaciones venideras.

¿Cuáles son las claves de nuestro viaje? En primer lugar, empezar pronto. No espere a una crisis para empezar a planificar; empiece ahora y regálese tranquilidad. En segundo lugar, adapte su plan a sus necesidades específicas. Las soluciones prefabricadas no sirven; su plan debe ser tan distinto como usted. En tercer lugar, busque asesoramiento profesional. Rodéese de un equipo de expertos que puedan ayudarle a sortear las complejidades y garantizar la solidez de su plan. Cuarto, comuníquelo abiertamente. Comparta sus intenciones con sus seres queridos y fomente una cultura de transparencia y comprensión. Por último, recuerde que su plan es un documento vivo. Revíselo y actualícelo periódicamente para adaptarlo a los cambios de la vida.

Al concluir este libro, le invito a dar el primer paso en su viaje de planificación patrimonial. Ya sea programando una consulta con un profesional, organizando sus activos o iniciando una conversación con su familia, cada acción le acerca más a asegurar su legado. Recuerde que no está solo en este proceso. Hay toda una comunidad de personas en un camino similar, dispuestas a ofrecer apoyo, orientación y experiencias compartidas. Reúna las preguntas que he sugerido al final de cada capítulo en un resumen para personalizar su testamento/fideicomiso en algo que le refleje al 100% a usted y sus deseos.

Así pues, siga adelante con confianza, sabiendo que tiene el poder de forjar su futuro y el de sus seres queridos. Disfrute de la tranquilidad que proporciona una planificación proactiva y de la satisfacción de saber que su legado perdurará. Su viaje hacia un futuro seguro y significativo empieza ahora. Hagamos que sea un gran futuro.

Referencias

- Lista de planificación patrimonial: Una guía en 7 pasos https://www.nerd wallet.com/article/investing/estate-planning/estate-planning
- Testamento frente a fideicomiso: ¿Cuál es el más adecuado para usted? https://www.investopedia.com/articles/personal-finance/051315/will-vs -trust-difference-between-two.asp
- Cómo legalizar un testamento: Guía paso a paso https://www.freewill.co m/learn/how-to-probate-a-will
- Factores a tener en cuenta al seleccionar un albacea, fideicomisario, ... https://www.esslawfirm.com/articles/factors-to-consider-when-selecti ng-an-executor-trustee-or-agent-under-a-power-of-lawyer/
- Planificación patrimonial para familias ensambladas: Escollos y solu- ciones https://www.cunninghamlegal.com/estate-planning-for-blended -families-pitfalls-and-solutions/
- 10 consejos para elegir tutor de su hijo menor de edad https://www.forbes. com/sites/christinefletcher/2020/01/29/10-tips-for-choosing-a-guardi an-for-your-minor-child/
- Planificación para la protección avanzada de activos - Buckley Law https://buckleylaw.com/article_posts/planning-for-advanced-asset -protection/
- The Importance of Cultural Competence in Estate Planning https://www. actec.org/resource-center/video/the-importance-of-cultural-competen ce-in-estate-planning/#:~:text=Cultural%20competence%20in%20est ate%20planning%20is%20vital%20because%20it%20ensures,with%20 the%20client's%20cultural%20background.
- 10 mitos sobre la planificación patrimonial que no debe creer https://ww

w.forbes.com/sites/financialfinesse/2023/10/02/10-estate-planning-my
ths-you-shouldnt-believe/

- Formas de evitar la sucesión https://www.nolo.com/legal-encyclopedia/
ways-avoid-probate
- 10 errores comunes en la redacción de testamentos https://www.jicestate
s.com/resources/last-will-and-testament/10-common-mistakes-in-wi
ll-drafting
- Impuestos sobre el patrimonio: Estrategias para planificar su patrimonio
https://www.edwardjones.com/us-en/market-news-insights/personal-f
inance/planning-your-estate/estate-taxes
- Planificación patrimonial: Listado de sus activos https://www.universalcl
ass.com/articles/business/estate-planning/estate-planning-listing-you
r-assets.htm
- 10 documentos esenciales de planificación patrimonial https://thesimone
lawfirm.com/estate-planning-documents/
- Guía completa para la planificación del patrimonio digital: Asegure su
legado en línea https://bluenotary.us/digital-estate-planning/#:~:text=
Digital%20Estate%20Planning%20Software&text=Companies%20like%
20Everplans%2C%20Final%20Security,assets%20
- Testamentos vitales y voluntades anticipadas para decisiones médicas
https://www.mayoclinic.org/healthy-lifestyle/consumer-health/in-dept
h/living-wills/art-20046303#:~:text=By%20planning%20ahead%2C%2
0you%20can,to%20make%20on%20your%20behalf.
- ¿Cuándo debo contratar a un abogado especializado en planificación
patrimonial? https://www.cageandmiles.com/blog/when-would-i-n
eed-to-hire-an-estate-planning-lawyer
- ¿Cuánto cuesta planificar el patrimonio? Guía completa https://www.doa
neanddoane.com/how-much-does-estate-planning-cost-a-comprehen
sive-guide
- Charitable remainder trusts | Servicio de Impuestos Internos https://ww
w.irs.gov/charities-non-profits/charitable-remainder-trusts
- Ventajas y desventajas de los fideicomisos offshore https://www.heritage
lawwi.com/the-advantages-and-disadvantages-of-offshore-trusts-wh

at-you-need-to-know
- Planificación patrimonial internacional para familias transfronterizas https://trustandwill.com/learn/international-estate-planning?srsltid=A fmB0oqYkjyOJ8-74uQd7DwtIPUZNRjtQoZVKGRL_S-4SF-RAox5ohfg
- ¿Qué es un fideicomiso irrevocable de seguro de vida (ILIT)? https://www. northwesternmutual.com/life-and-money/what-is-an-irrevocable-life-insurance-trust/
- Caso práctico: Planificación patrimonial a medida https://www.mercer.co m/pcs/insights/may-2023/case-study-tailored-estate-planning/
- Dejar un legado: Estrategias para un impacto duradero https://www.usba nk.com/wealth-management/financial-perspectives/trust-and-estate-planning/what-does-it-mean-to-leave-a-legacy.html#:~:text=Legacy %20planning%20involves%20envisioning%20how,advanced%20and% 20your%20legacy%20continues.
- Estrategias de planificación patrimonial para grandes patrimonios https://www.docrlaw.com/articles/estate-planning-strategies-for-high-net-worth-individuals
- Planificación patrimonial para familias ensambladas: Consideraciones especiales https://dlfirm.com/estate-planning-for-blended-families-sp ecial-considerations/#:~:text=Equitable%20Asset%20Distribution%3A %20When%20you,ability%20to%20manage%20those%20assets.
- Acontecimientos de la vida que pueden provocar un cambio en su plan de sucesión https://www.bmcestateplanning.com/blog/life-events-change-to-your-estate-plan
- Lista de comprobación para la planificación patrimonial de fin de año: Revisar su plan https://www.docrlaw.com/articles/year-end-estate-plan ning-checklist-reviewing-your-plan
- Entender los cambios de 2026 en el patrimonio, donaciones y ... https://w ww.huschblackwell.com/newsandinsights/understanding-the-2026-cha nges-to-the-estate-gift-and-generation-skipping-tax-exemptions

Also by Emma Maxwell

Me enorgullece decir que este es mi tercer libro. Todos ellos se complementan en el ámbito de las finanzas personales y son excelentes lecturas si te ha gustado lo que has leído: ¡consúltalos!

Libertad financiera fácil: Guía paso a paso para eliminar deudas, crear un plan financiero y proporcionar seguridad para usted y su familia.

Libertad financiera fácil es su guía práctica y completa para lograr la independencia financiera y la tranquilidad.

Esto es sólo una muestra de lo que descubrirá en su interior:

- **6 pasos prácticos** para crear un presupuesto realista para su familia

- **Las estrategias más eficaces** para saldar las deudas de las tarjetas de crédito, incluidos los métodos *Debt Pay Down* y *Debt Accelerator*.

- **Fondo de emergencia 101**: el proceso paso a paso para construir la red de seguridad de tu familia.

- **Conceptos básicos de inversión para principiantes**: Explicaciones claras de términos de inversión y pasos clave para empezar.

- Por qué **las opciones de inversión de bajo riesgo** aún pueden producir rendimientos significativos

- **Pautas fáciles de entender** para planificar la jubilación y garantizar un futuro confortable

- **Estrategias sencillas de planificación fiscal** para maximizar sus ahorros

- Cómo superar las **barreras psicológicas** que dificultan los buenos hábitos financieros

- **Historias reales de éxito** para inspirar y motivar su viaje

...¡y mucho más!

PLANIFICAR LA JUBILACIÓN CON FACILIDAD

Guía Paso a Paso Para Construir su Nido.
Elegir Opciones de Inversión Inteligentes y
Disfrutar de una Jubilación Sin Estrés

EMMA MAXWELL

Planificar la jubilación con facilidad: Guía paso a paso para construir su nido, elegir opciones de inversión inteligentes y disfrutar de una jubilación sin estrés.

Con La planificación de la jubilación más fácil, dispondrá de un plan para navegar por su particular panorama financiero, derribando las barreras de la compleja jerga financiera:

- **Cuánto necesitará para jubilarse**, teniendo en cuenta el aumento de los costes sanitarios y sus futuros flujos de ingresos.

- Estrategias probadas para **ponerse al día en materia de ahorro**, adaptadas específicamente a las personas que empiezan tarde para garantizar que no se desaprovecha ninguna oportunidad.

- **Opciones de inversión establecidas** en función de su perfil de riesgo y edad

- **La Seguridad Social más fácil**: cómo y cuándo empezar a cobrar la Seguridad Social para optimizar su jubilación

- Cómo prepararse para unos **gastos sanitarios** imprevisibles, ofreciendo opciones de cobertura y los costes en los que puede incurrir en sus años dorados.

- **Planificación patrimonial sin esfuerzo**: Los pasos que debe dar para asegurar su legado y proteger a sus seres queridos.

- Ajustes de inversión prácticos que debe realizar a medida que se acerca la jubilación, para preservar sus ahorros y maximizar el potencial de crecimiento.

- **Deuda vs. ahorro**: Una guía para equilibrar eficazmente las prioridades y tomar decisiones financieras informadas que te liberen de deudas

- Cómo pasar sin problemas a una jubilación satisfactoria tras años en el mercado laboral, **encontrando un nuevo propósito**

- Los pasos necesarios para garantizar que **sus ahorros no le superen nunca**, salvaguardando su nivel de vida y su independencia.

- Estrategias de futuro para un plan de jubilación que incluya aspectos sanitarios, de estilo de vida y financieros.

No deje de consultarlas en Audible o Amazon